Couverture supérieure manquante

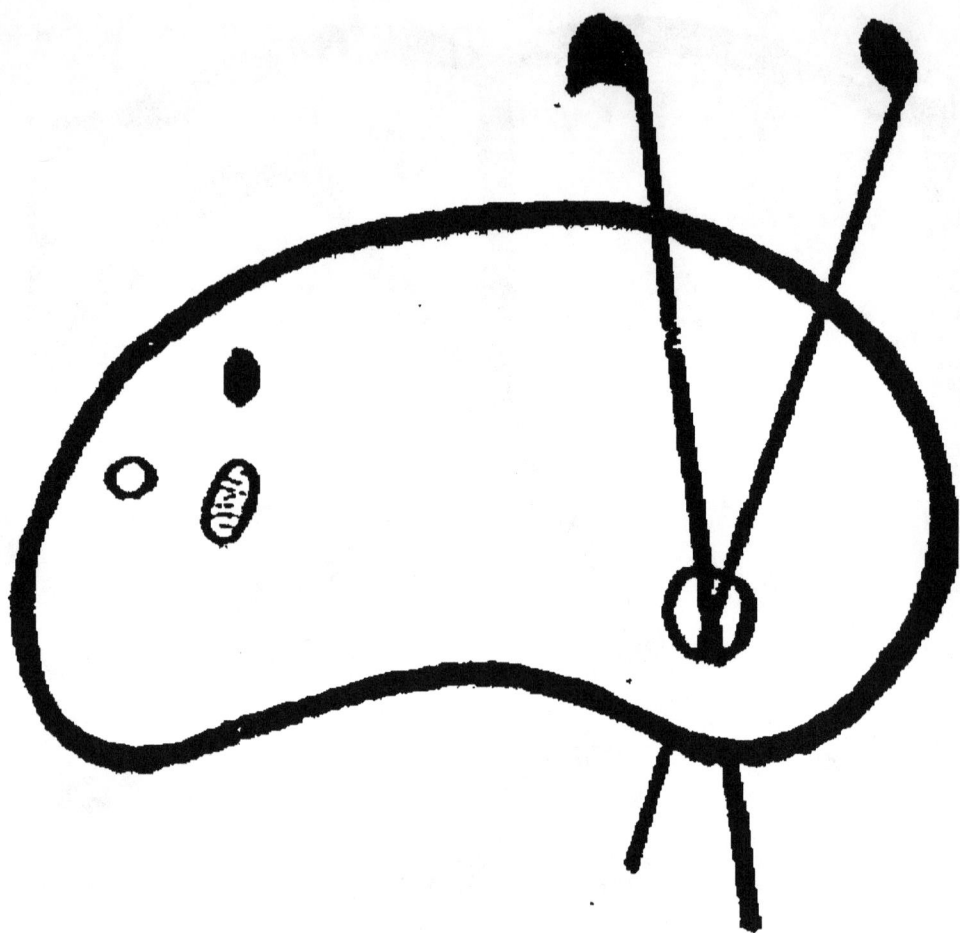

THÈSE

POUR LE DOCTORAT

La Faculté n'entend donner aucune approbation ni improbation aux opinions émises dans les thèses; ces opinions doivent être considérées comme propres à leurs auteurs.

FACULTÉ DE DROIT DE PARIS

DROIT ROMAIN

THÉORIE DES RISQUES
DANS LES CONTRATS

DROIT FRANÇAIS

DU CONTRAT D'ASSURANCE SUR LA VIE

OBLIGATIONS DE L'ASSURÉ
ET DE L'ASSUREUR

(ÉTUDE DES CONDITIONS GÉNÉRALES DES POLICES)

THÈSE POUR LE DOCTORAT

L'ACTE PUBLIC SUR LES MATIÈRES CI-APRÈS
Sera soutenu le lundi 20 mai 1895, à 2 heures 1/2

PAR

Léon AMBROSELLI

Président : M. Léon MICHEL, *professeur.*

Suffragants :
MM. BEAUREGARD, *professeur.*
LESEUR,
JAY,
agrégés.

PARIS

LIBRAIRIE NOUVELLE DE DROIT ET DE JURISPRUDENCE

ARTHUR ROUSSEAU, Éditeur

14, RUE SOUFFLOT ET RUE TOULLIER, 13

1895

DROIT ROMAIN

THÉORIE DES RISQUES DANS LES CONTRATS

INTRODUCTION

Dans le langage courant, le mot risque éveille l'idée de péril et de danger.

En matière contractuelle, on entend par risques les chances de perte que les cas fortuits ou la force majeure infligent à l'une des parties contractantes. Étudier la théorie des risques, c'est se demander pour qui est la perte totale ou partielle survenue par cas fortuit, par force majeure, d'une chose déterminée faisant l'objet d'une obligation.

Il va de soi en effet que la perte fortuite d'une chose qui ne fait l'objet d'aucun contrat ne peut être supportée que par celui à qui elle appartient. La question des risques ne peut donc se poser qu'à l'occasion des choses qui font l'objet d'une obligation, et plus particulièrement d'une obligation de donner.

1

En principe, le débiteur est libéré quand, par cas fortuit ou par force majeure, il se trouve dans l'impossibilité d'exécuter son obligation ; le créancier ne peut exiger la dation ou la prestation d'une chose qui n'existe pas, et ce qui est vrai de la perte totale est également vrai de la perte partielle. C'est autant une règle de bon sens que de droit : *impossibilium nulla est obligatio*, loi 185, Dig., 50, 17.

Or, parmi les obligations de donner, il en est une catégorie où, d'après l'intention des parties, il ne peut jamais y avoir d'impossibilité d'exécution : ce sont celles qui portent sur une chose de genre ou de quantité. Dans les obligations de cette nature en effet, ce que les parties ont en vue, c'est simplement l'espèce, la qualité et la quantité ; il faudrait donc pour que l'exécution d'une telle obligation devînt impossible supposer l'hypothèse, trop rare pour que l'on en tienne compte en droit, de la disparition complète d'un genre de la surface du globe ; de là l'adage, *genera non pereunt.*

Ainsi restreinte aux obligations dont l'objet est un corps certain, la question des risques se pose dans les termes suivants : en supposant que le corps certain qui fait l'objet de l'obligation vienne à périr ou à se détériorer, par cas fortuit ou par force majeure, avant que l'obligation ait été exécutée, pour qui sera la perte ou la détérioration, pour le créancier, ou pour le débiteur, autrement dit aux risques de qui la chose est-elle.

Après avoir examiné ce que l'on doit entendre par cas fortuit, nous étudierons successivement la question des risques dans les différents contrats, en insistant sur son application dans les contrats synallagmatiques et en particulier dans la vente, le plus usuel et le plus important de tous.

PREMIÈRE PARTIE

———

§ 1. — Définition du cas fortuit.

Que faut-il donc entendre par *cas fortuits*, par *force majeure* ? Ulpien nous donne la notion juridique de ces deux ordres d'événements. ... *Fortuitos casus nullum humanum consilium providere potest*, loi 2, § 7, Dig., 50, 8, et dans un autre texte il qualifie la force majeure *...omnem vim cui resisti non potest...*, loi 15, § 2, Dig., 19, 2. En combinant ces deux textes, nous pouvons y faire rentrer tous les événements que l'homme est impuissant à prévoir ou à écarter, suivant la définition du commentateur Vinnius : *Casum fortuitum definimus omne quod humano captu praevidere non potest, aut cui praeviso non potest resisti.*

Toutefois un autre texte d'Ulpien semblerait donner du cas fortuit une notion différente. En effet, la loi 52, § 3, Dig., 17, 2, définit les *casus fortuiti* ou *damna fatalia, damna quae imprudentibus accidunt....* Or le sens courant du mot *imprudens* étant « négligent », on devrait ranger parmi les cas fortuits les événements dommageables qui arrivent aux personnes négligentes, et ainsi le cas fortuit pourrait s'entendre aussi de la faute.

Deux explications principales ont été données ~~dans le but de faire~~ disparaître la contradiction tout au moins apparente existant entre ce texte et ceux que nous avons cités précédemment. D'après le commentateur hollandais Bynkershoek, on se trouverait en présence d'une simple erreur de copiste ; le texte primitif devait définir les cas fortuits, *damna quæ in prudentibus accidunt,* c'est-à-dire dommages arrivés malgré la prudence du débiteur ; lors de la copie, on aurait remplacé les mots *in prudentibus* par l'adjectif *imprudentibus.* D'après Pothier au contraire on doit traduire *imprudentibus* par l'expression *ex improviso,* à l'improviste ; c'est le sens donné généralement au vers célèbre de Virgile (1) *...numquam imprudentibus imber obfuit....* Cette explication nous paraît la plus vraisemblable.

D'ailleurs à la fin du même paragraphe Ulpien cite les faits suivants à titre d'exemples : *...si pecus latrocinio et incendio perierit... si a furibus subreptum sit...* Il précise donc bien sa pensée, et il ne saurait y avoir doute, le mot *imprudentibus* ne peut avoir ici son sens habituel.

---

(1) *Géorgiques,* l. I, v. 373.

En résumé nous entendrons par cas fortuit tout événement que l'homme ne peut ni prévoir ni empêcher.

Par ce double caractère : impossibilité de prévoir, impossibilité d'empêcher l'événement, le cas fortuit se distingue nettement de la faute et du dol. Dans ces deux hypothèses en effet, le débiteur a par son propre fait, actif ou passif, soit sciemment, soit par simple négligence, contrevenu aux obligations que le contrat lui imposait ; l'événement ne dépend donc plus du simple hasard, il n'a plus ce caractère aléatoire qui est de l'essence du risque.

Une remarque générale doit, en conséquence, être faite dès à présent ; elle recevra son application dans toute la suite de cette étude : c'est que, suivant les circonstances, le même événement pourra tantôt constituer un cas fortuit, tantôt n'être pas considéré comme tel.

Il n'y aura vraiment cas fortuit que si l'on ne peut reprocher au débiteur aucune négligence (loi 5, § 4, Dig., 13, 6), *nisi aliqua culpa intercenial.* Si, au contraire, le débiteur n'a pas apporté à l'exécution de son obligation tous les soins que la nature du contrat lui imposait, on ne pourra plus parler de risque, mais bien de faute. Cette observation suffit à expliquer les solutions différentes que l'on rencontre parfois dans les textes. Le vol, par exemple, ne pourra être considéré comme un cas fortuit que si le débiteur justifie avoir exercé la surveillance qu'on était en droit d'attendre de lui, étant donné la nature de l'objet de son obligation. Il en sera de même pour l'incendie, malgré des textes en apparence contradictoires, et que nous aurons à concilier. Ainsi, avant de rechercher qui supportera la perte, il faut trancher une question préjudicielle de preuve : le débiteur devra d'abord établir que la chose due a été détériorée ou perdue en dehors de toute faute de sa part : il aura ainsi à justifier du degré de diligence exigée de lui d'après la nature du contrat.

Ayant dégagé la notion générale du cas fortuit, nous devons maintenant préciser davantage et rechercher quelques-uns des faits à la fois imprévus et irrésistibles qui sont compris sous cette expression ou qui rentrent dans les cas de force majeure.

Les textes nous citent habituellement comme des cas fortuits les tempêtes de pluie ou de grêle, le feu du ciel, les chaleurs et les frimas excessifs, les inondations, l'invasion de l'ennemi (loi 15, § 2, Dig., 19, 2) ; les naufrages, la piraterie (loi 3, Dig., 4, 9) ; les éboulements ou les tremblements de terre (loi 5, § 4, Dig., 13, 6) ; le vol à main armée (l. 52, § 3, Dig., 17, 2) ; la mort ou la fuite d'esclaves ou d'animaux que l'on n'est pas dans l'habitude de surveiller (l. 23, Dig., 50, 17). On considèrera également comme cas de force majeure la confiscation par ordre du prince (l. 11, pr., Dig., 21, 2) et la confiscation au profit du fisc (l. 33, Dig., 19, 2).

À côté des faits que nous venons d'énumérer et qui de l'aveu de tous peuvent constituer des cas fortuits, il en est d'autres d'un caractère douteux, admis par certains jurisconsultes comme cas fortuits, tandis que certains autres se refusent à jamais les tenir pour tels. Ainsi l'aigreur du vin, la moisissure du froment rentrent pour Doneau dans la catégorie des cas fortuits tandis que Cujas est d'un avis contraire. De même, du moins à en croire Doneau, la question de savoir si l'on doit ranger l'incendie parmi les cas fortuits aurait été controversée par les jurisconsultes romains. Certains textes en effet paraissent contradictoires : ainsi la loi 18, pr., Dig., 13, 6, voit dans l'incendie un des événements *quibus resisti non possit* (de même loi 5, § 4); les Institutes, § 2, III, 14, citent également l'incendie en première ligne parmi les *casus fortuiti*. Au contraire la loi 3, Dig., 1, 15, définissant les attributions du *præfectus vigilum*, décide qu'il doit faire passer par les verges ou tout au moins adresser une sévère admonestation à ceux qui ont eu le feu à leur maison, *quia plerumque incendia culpa fiunt inhabitantium.* La loi 11, Dig., 18, 6, est plus formelle encore, et déclare que l'incendie ne peut jamais éclater que par la faute des habitants *cum incendium sine culpa fieri non possit.* Nous ne croyons pas cependant qu'il y ait antinomie entre ces textes. L'incendie il est

vrai a lieu le plus souvent par la faute des habitants;
il n'est donc pas toujours un cas fortuit. Mais il
peut le devenir dans les cas où l'on ne pouvait ni le
prévenir ni l'empêcher, par exemple s'il a été allumé
par le feu du ciel ou par le fait du voisin. C'est simplement l'idée de la phrase *incendia plerumque
fiunt culpa inhabitantium*. Reste il est vrai la loi
11, 18, 6. Mais à la simple lecture du texte, les
mots si formels *cum incendium sine culpa fieri non
possit* perdent toute leur autorité; car ils ne font
que reproduire les paroles de la personne qui prend
l'avis du jurisconsulte, l'opinion invoquée à l'appui
de sa prétention. Les premiers mots de la réponse
d'Alfenus indiquent la vraie doctrine : *respondit;
quia sine patrisfamilias culpa fieri potest.....*

Certains auteurs, et notamment Cujas, ont soutenu
qu'à la différence du *furtum,* le vol commis à main
armée ou avec violence (la *rapina*) devait toujours
être considéré comme un cas de force majeure, sans
que le débiteur, pour écarter la présomption de faute,
ait à prouver sa vigilance. Cette opinion invoque à
son appui la loi 31, Dig., 19, 1, où nous lisons *cus-
todia adversus vim parum proficit*. Il n'y a pas là,
à notre avis, un motif suffisant pour voir sans exception dans la *rapina* un cas fortuit; la victime du vol
à main armée peut elle-même n'être pas exempte de
toute faute. Ainsi, comme le fait remarquer M. De-

mangeat (1), supposons qu'un homme qui porte des
objets précieux se mette en route seul, la nuit, dans
un pays réputé dangereux ; s'il est dépouill' par des
brigands, on pourra très bien dire qu'il a commis
une faute, qu'il a été imprudent, en voyageant dans
de pareilles circonstances.

De même, le fait des tiers constitue généralement
au premier chef un cas de force majeure : ainsi, je
vous ai promis l'esclave d'autrui et son maître l'affranchit, mon obligation se trouve sans objet (loi 51,
Dig., 45, 1) ; toutefois quand la chose due vient à
périr par le fait d'un tiers, faut-il encore rechercher
si le débiteur ne pouvait s'y opposer, si par exemple le tiers n'était pas sous sa dépendance, auquel cas
le débiteur sera réputé en faute ?

On s'est demandé si parmi les cas fortuits il ne
fallait pas faire figurer la sentence inique du juge.
Un texte d'Ulpien nous décide pour l'affirmative : la
loi 51, pr., Dig., 21, 2, suppose un acheteur privé de
la chose vendue *per imprudentiam aut errorem judicis* ; ce sera, dit cette loi, l'acheteur qui supportera
le dommage, *injuria enim quae fit emptori, auctorem
non debet contingere*, et le jurisconsulte motive son
avis dans les termes suivants : *quid refert sordibus
judicis an stultitia res perierit !* il assimile donc l'injustice du juge à la folie, or la loi 2, § 7, Dig., 50, 8

___

(1) *Cours élém. de droit romain*, t. II, p. 391.

déclare expressément que le fait d'un individu privé
de raison, *lapsus facultatibus,* constitue un cas fortuit.

Nous n'aborderons pas l'examen des classifications
imaginées par les auteurs anciens pour répartir et
distinguer les différents événements que nous avons
présentés comme risques. Ce besoin de divisions ne
répond à aucun intérêt pratique. Il nous suffit d'avoir
défini le cas fortuit et la force majeure, d'en avoir
recherché les caractères, et énuméré les principales
hypothèses ; surtout d'avoir insisté sur la connexité
que présentent la théorie des fautes et la théorie des
risques et l'importance de délimiter leur champ d'application respectif. Nous nous placerons d'ailleurs
en dehors de l'hypothèse où l'une des parties est en
demeure, et abstraction faite également des conventions particulières qui ont pu intervenir entre les
contractants quant à la charge des risques.

§ 2. — Contrats unilatéraux.

Supposons donc qu'une chose faisant l'objet d'une
obligation soit détruite par cas fortuit ou par force
majeure, sans qu'à aucun degré la perte soit imputable au débiteur. D'une part on ne peut le rendre
responsable d'événements qu'il ne pouvait ni prévoir,
ni empêcher ; d'autre part il ne peut plus exécuter

une obligation dont l'exécution est devenue impossible ; comme nous l'avons déjà dit, à l'impossible nul n'est tenu : *impossibilium nulla est obligatio*. En conséquence le débiteur n'est tenu ni d'exécuter son obligation primitive devenue impossible, ni de réparer le dommage survenu qui n'engage pas sa responsabilité personnelle. Mais alors quelle est celle des parties à qui cette impossibilité matérielle causera une perte, quel est le patrimoine qui supportera les conséquences de l'inexécution de l'obligation, qui supportera les risques, *cujus periculum rei sit* (1).

Telle est la question dont nous abordons maintenant l'examen.

Aucune difficulté ne se présente s'il s'agit d'un contrat unilatéral. Dans les contrats de ce genre en effet, il n'y a d'engagement que d'un seul côté, *ex uno latere*, il n'y a d'obligation qu'à la charge de l'une des parties. Si l'unique obligation née du contrat devient d'une exécution impossible, elle s'éteint purement et simplement ; le débiteur est libéré, le créancier perd le bénéfice qu'il devait retirer du contrat, c'est lui qui supporte le risque. La question des risques dans les contrats unilatéraux sera donc résolue par le seul examen de l'objet de l'obligation : s'agit-il d'une obligation de corps certain, la perte du corps certain par cas fortuit affranchit le débi-

---

(1) Tout ce que nous dirons de la perte totale est vrai, en principe, de la perte partielle.

teur non seulement de l'obligation de livrer la chose,
mais aussi de fournir une indemnité, les risques
sont pour le créancier. Se trouve-t-on au contraire
en présence d'une obligation de genre, l'exécution
de l'obligation demeure possible tant qu'il existe
un objet du genre en question ; la perte de la chose
due ne peut donc plus être invoquée par le débiteur.
C'est ce qui a lieu par exemple en cas de *mutuum* ;
dans ce contrat, en effet, le prêteur transfère à
l'emprunteur la propriété même de la chose prêtée,
à charge seulement par celui-ci de rendre une
chose semblable; dans ces conditions l'emprunteur
n'est plus qu'un débiteur de genre; la perte de la
chose due est sans influence sur son obligation,
genera non pereunt ; c'est donc lui qui supporte les
risques (1). Pareillement, et pour le même motif,
les risques seront pour le débiteur dont l'obligation
est née du contrat formé *litteris*; on a pu dire en
effet de ce contrat qu'il ressemble au *mutuum*
comme la fiction à la réalité, comme la copie au
modèle (2) : la seule différence entre ces deux contrats est que l'objet du *mutuum* peut être une chose
de genre quelconque, tandis que dans le contrat *litteris* la valeur reçue et donnée consiste invariable-

---

(1) Il en serait de même en cas de dépôt irrégulier, à partir du
moment où le dépositaire a fait usage des deniers.
(2) Cf. Accarias, t. II, n° 578.

ment en argent (Cf. Gaius, III, §§ 128 à 130); les risques seront donc toujours pour le débiteur.

L'application de ces principes nous permettra également de déterminer à qui incombent les risques de la dot. En principe, le mari est tenu, en vertu de la constitution de dot, de l'obligation de restituer; si l'objet de la dot vient à périr par cas fortuit, qui, du mari ou de la femme, supportera les risques? Pour résoudre la question, il faut distinguer selon que la dot consiste dans des corps certains ou dans des choses de genre; dans ce dernier cas les risques sont évidemment pour le mari. Si la dot consiste dans un corps certain, il faut distinguer si elle a fait ou non l'objet d'une estimation. S'il n'y a pas eu d'estimation, le mari doit restituer les biens dotaux en nature, il est débiteur de corps certains; la perte le libère, les risques sont donc pour la femme créancière, *quotiens non æstimatæ res in dotem dantur, et meliores, et deteriores mulieri fiunt* (loi 10, pr., Dig., 23, 3). Mais, si au contraire, la dot a été estimée, le mari est considéré comme un acheteur, c'est-à-dire comme un débiteur de genre; ce qu'il doit restituer c'est la valeur de la dot *quia æstimatio venditio est*, loi 10, § 5; il sera tenu de l'action *de dote* alors même que la dot a péri par cas fortuit, c'est ce que décide à bon droit la loi 1, § 15, Code, 5, 13: *In rebus dotis, quidem æstimatis, dominium et periculum mariti est.* Aussi Ulpien ne manque-t-il pas de faire ressortir l'intérêt qu'il y a pour le mari à ce que la dot ne fasse pas l'objet d'une estimation. *Plerumque interest viri res non esse æstimatas, idcirco ne periculum rerum ad eum pertineat* (loi 10, pr.).

La question des risques pourra également se poser à propos de la stipulation qui présente en droit romain une si grande importance. L'obligation du promettant a-t-elle pour objet un corps certain, la perte fortuite le libèrera, *debitor speciei certæ interitu ejus liberatur.* Le promettant s'est engagé à donner l'esclave Stichus. Si, au moment de la stipulation, Stichus était mort, le contrat ne se formera pas faute d'objet. Mais au lieu d'être pure et simple, l'obligation peut être à terme : Stichus vient à mourir après la stipulation mais avant l'échéance du terme ; le débiteur est également libéré : *Si Stichus certo die dari promissus, ante diem moriatur, non tenetur promissor,* loi 33, Dig., 45, 1. L'exécution de l'obligation est en effet impossible. Cette impossibilité se présentera encore dans l'hypothèse où la chose promise tout en subsistant dans sa substance est mise hors du commerce ; je vous ai promis l'esclave d'autrui Stichus, ou bien le fonds Cornélien. Stichus est affranchi par son maître, le fonds Cornélien de profane qu'il était devient *res sacra.* Nul doute que je ne sois libéré. Mais que décider si plus tard Stichus redevient esclave, si le fonds Cornélien

rentre dans le commerce. Mon obligation revivra-t-
elle, retrouvant son objet, redevenant d'une exécution possible? Nous répondons négativement sans
hésiter. La perte de la chose par cas fortuit a éteint
l'obligation ; or, si l'on peut admettre que la chose
détruite reprenne parfois sa condition perdue, on ne
comprend pas que l'obligation une fois éteinte puisse
renaître ; *nec revocantur in obligationem si rursus
lege aliqua et res sacra profana esse cœperit, et Stichus ex libero servus effectus sit; quoniam una atque eadem causa et liberandi, et obligandi esset,
quod aut dari non possit, aut dari possit*, Paul,
loi 83, §5, Dig., 45, 1.

Toutefois le jurisconsulte Celsus professait une
opinion différente dans la loi 79, §3, Dig., 32, titre
unique : *Servus quoque legatus, si interim manumit-
tatur et postea servus factus est, postea peti potest.* Il
considérait donc que la perte de la chose due paraly-
sait l'obligation plutôt qu'elle ne l'éteignait ; dès lors
si la chose rentrait dans le commerce, l'obligation
avec son objet retrouvait toute sa force et rien ne
s'opposait plus à son exécution. Mais cette opinion
ne prévalut pas, Paul lui-même le constate en la rapportant : *nec admissum est quod Celsus ait*, loi 98,
§ 8, Dig., 46, 3.

On ne peut d'ailleurs prétendre concilier les opinions de Paul et de Celsus en soutenant que celui-ci
avait en vue l'hypothèse d'un legs, celui-là d'une

stipulation. Paul en effet dans un autre fragment
(loi 27, § 1, Dig., 34, 4) pose en matière de legs
la règle même qu'il avait formulée à propos des stipulations et il donne de ces deux décisions un motif
identique : *novus enim esse homo videtur, alius esse
videtur.* Si la chose détruite, mise hors du commerce, vient à reprendre sa condition perdue, ce n'est
plus, en droit, la même chose. L'obligation est définitivement éteinte *in perpetuum enim sublata obligatio restitui non potest.*

La stipulation peut être accompagnée d'une *stipulatio pœnæ*. Le débiteur en promettant de donner
l'esclave Stichus, prend l'engagement accessoire de
donner cent au cas où il n'exécuterait pas son obligation. L'esclave vient à mourir par cas fortuit : le
promettant sera libéré non seulement de sa promesse
principale, mais encore de l'obligation de donner
cent. Et en effet, la *stipulatio pœnæ*, contrat accessoire, destinée à assurer l'exécution de l'obligation principale, ne peut frapper le débiteur qu'autant
que le défaut d'exécution lui est imputable. C'est la
solution formelle donnée par Ulpien, loi 69, Dig.,
45, 1.

Toutefois le texte suivant de Paul semble contre-
dire cette doctrine : *Proinde, si servum occidisti,
quem sub pœna tradendum promisi, utiliter venit
in hoc judicium,* loi 22, pr., 9, 2. Le jurisconsulte
suppose qu'un esclave promis *sub pœna* est tué par

un tiers, fait qui constitue au premier chef pour le promettant un cas fortuit, et il décide que le promettant agira utilement contre le meurtrier par l'action de la loi Aquilia. Donner une action au débiteur, c'est lui reconnaître un intérêt à l'exercer ; cet intérêt ne peut prendre sa cause que dans l'obligation pour le débiteur de payer la *pœna*, puisqu'on ne peut lui réclamer l'esclave. C'est donc que si la chose promise périt par cas fortuit. le promettant doit néanmoins payer le montant de la *pœna*, et la solution de Paul paraît bien en contradiction avec le principe que nous avons admis.

On l'a expliquée en faisant remarquer que la *stipulatio pœnæ* peut se présenter sous les deux formes : *Pamphilum dari spondes? si Pamphilum non dederis, centum dari spondes* ou bien *si Pamphilum non dederis centum dari spondes*. Ce serait une stipulation de cette deuxième espèce à laquelle ferait allusion le texte de Paul : nous sommes en réalité en présence d'une obligation conditionnelle de donner cent ; en donnant Pamphile le débiteur usait d'une simple faculté, Pamphile étant mort il demeure purement et simplement obligé de donner cent.

M. Accarias n'admet pas cette explication. Pour le savant auteur, le texte de Paul résiste à l'interprétation qu'on lui donne ; il porte en effet *servum tradendum sub pœna promisi*, c'est donc que l'es-

clave est *in obligatione*. M. Accarias en conclut que
toutes les fois que l'obligation principale devient
d'une exécution impossible, même sans la faute ni
le fait du débiteur, la *pœna* n'en est pas moins encourue *ipso jure*. Quant au texte formel d'Ulpien,
loi 69, 45, 1, *si homo mortuus sisti non potest, nec
pœna rei impossibilis committetur*. M. Accarias
l'entend en ce sens que l'esclave promis est mort à
l'insu des parties et que dès lors, si la *pœna* n'est
pas due, « ce n'est pas parce que la première stipulation manque d'objet, mais plutôt parce que dans la
pensée des contractants la condition consiste à ne
point exécuter une obligation qu'ils croient valable ».

§ 3. — Obligations alternatives.

Le principe *debitor speciei certæ interitu ejus liberatur* doit s'appliquer en règle générale quelle que
soit la nature de l'obligation. Mais il est d'une application particulièrement délicate dans la matière
des obligations alternatives.

L'obligation alternative est celle qui a pour objet
deux ou plusieurs choses, de telle sorte que le débiteur sera libéré en fournissant seulement l'une d'elles
qui sera, suivant la convention, choisie soit par le
débiteur, soit par le créancier.

Soit par exemple un débiteur qui s'engage à donner au créancier Stichus ou Pamphile.

Si les deux esclaves viennent à périr par cas fortuit, il est évident que le débiteur sera complètement libéré ; mais, en dehors de cette hypothèse, nous devons pour déterminer les conséquences qu'entraîne la perte par cas fortuit de l'une des choses comprises dans l'alternative examiner successivement le cas où le choix appartient au créancier, et le cas où il appartient au débiteur.

1° *Le choix appartient au créancier.* — L'une des deux choses périt fortuitement ; le débiteur est libéré quant à cette chose ; son obligation devient pure et simple quant à la chose qui subsiste. Les risques sont donc pour le créancier qui perd l'avantage de l'option (loi 95, pr., 46, 3).

2° *Le choix appartient au débiteur.* — Dans cette hypothèse, si l'une des choses comprises dans l'alternative périt par cas fortuit, le débiteur peut encore exécuter son obligation en donnant l'autre chose. Mais la chose qui a péri a-t-elle péri pour lui ; autrement dit demeure-t-il obligé uniquement à donner la chose qui subsiste, a-t-il perdu sa faculté d'option : peut-il au contraire offrir au créancier l'estimation de la chose qui a péri ?

Il faut d'abord écarter l'hypothèse où le créancier était en demeure de recevoir l'un des objets désignés par le débiteur. Si cet objet vient à périr par cas fortuit le débiteur est libéré, le créancier supporte la perte et ne peut réclamer l'objet qui subsiste (loi 105, Dig., 45, 1).

En dehors de ce cas, c'est une question controversée que celle de savoir si le débiteur qui peut évidemment se libérer en donnant la chose qui reste peut forcer le créancier à recevoir l'estimation de la chose qui a péri.

Papinien semble bien admettre que le débiteur perd alors l'avantage du choix (loi 95, § 1, Dig., 46, 3). *Quod si promissoris fuerit electio, defuncto altero, qui superest æque peti poterit.* Il parait donc résulter de ce texte que le cas fortuit entraine pour le débiteur déchéance du bénéfice de l'option. C'est en ce sens que l'entendait Dumoulin qui déclarait même ce résultat conforme à l'intention des parties, *quia electio data vel etiam expresse reservata debitori, intelligitur quamdiu vera et efficax electio fieri potest, secundum naturam veræ electionis.* Pothier adopte cette interprétation dans son *Traité des obligations,* n° 250 : « Lorsque plusieurs choses sont dues sous une alternative, l'extinction de l'une desdites choses n'éteint point l'obligation, car toutes étant dues, l'obligation subsiste dans celles qui restent... La chose qui est périe n'existant plus, n'est plus due ; celle qui reste est la seule qui reste due, et par conséquent la seule qui puisse être payée ». M. Pellat prête à cette opinion l'appui de son autorité : « Si l'un des deux objets a péri, l'autre reste seul dû et peut seul être demandé. Le débiteur ne peut pas offrir l'estimation de la chose qui a péri s'il la juge inférieure à la valeur de la chose qui subsiste ».

Mais ce système est obligé d'expliquer un texte d'Ulpien qui donne une solution contraire. Dans la loi 47, § 3, Dig., 30, 1, le jurisconsulte suppose un héritier qui doit à un légataire l'un des esclaves, Stichus ou Pamphile, à son choix. L'un des esclaves s'enfuit, sans qu'il y ait aucune faute à reprocher à l'héritier. Ce dernier pourra donner au légataire soit l'esclave présent, soit la valeur de l'esclave absent, car le bénéfice du choix doit être conservé à l'héritier, toutes les fois qu'il n'entraine pas de retard dans l'exécution de la dette ; et Ulpien ajoute : *qua ratione placuit, et si alter decesserit, alterum omnimodo praestandum ; fortassis vel mortui pretium.* Si l'un des esclaves vient à mourir fortuitement, celui qui survit doit en tous cas être livré ; mais peut-être le débiteur peut-il donner l'estimation de celui qui est mort.

Pour écarter cette objection, Pothier et Dumoulin s'appuient sur le mot *fortassis* qu'il faut entendre suivant eux dans le sens de : parfois, en certains cas. La solution d'Ulpien ne serait pas en contradiction avec celle de Papinien ; elle se référerait à des hypothèses particulières, ce serait une décision d'espèce, par exemple, cite Dumoulin, *si constet quod testator noluit haeredem gravare ultra alterutrius etiam mortui aestimationem.*

Cette interprétation traditionnelle, qui a été con-

sacrée par les rédacteurs du Code civil, a été criti-
quée par le regretté M. Labbé avec autant d'habileté
que de force.

En équité, un événement fortuit ne doit pas empirer la condition du débiteur ; or, lorsque dans une
obligation alternative le choix lui est accordé, il a
l'avantage de pouvoir se libérer en donnant des deux
choses convenues celle dont la valeur est moindre ;
il serait injuste qu'une cause accidentelle et fortuite
le privât de cet avantage. Il peut se faire que la chose
qui a péri vaille bien moins que celle qui reste ; avant
la survenance du cas fortuit il pouvait néanmoins
se libérer en la donnant au créancier ; la perte fortuite indépendante de son fait ne doit pas lui enlever
ce droit.

Ceci posé, revenons au texte d'Ulpien ; le jurisconsulte prévoit deux hypothèses où l'exécution d'un
des termes de l'obligation est impossible : la fuite de
l'esclave, ou sa mort.

Dans la première hypothèse le texte est formel :
*dicendum erit praesentem praestari, aut absentis æs-
timationem* ; Dumoulin est bien forcé d'admettre
cette solution et pour expliquer que le débiteur conserve dans ce cas l'avantage de l'option il donne ce
motif : *ob dictam fugam sine culpa hæredis contin-
gentem, non debet hæres pricari sua electione.*

Mais, s'il en est ainsi en cas de fuite de l'esclave
sans faute du débiteur, pourquoi la solution serait-

elle différente en cas de mort de l'esclave ? Ne sont-ce pas là deux cas fortuits au même chef ? On ne voit pas de raison de distinguer. « Nous ne faisons, conclut M. Labbé, que nous emparer du sens que Dumoulin donne au commencement de la loi et des motifs dont il l'appuie pour combattre son interprétation de la fin ».

Reste le texte de Papinien dont le *principium* est revendiqué par les partisans de l'opinion que nous combattons. *Quod si promissoris fuerit electio, defuncto altero, qui superest æque peti poterit.* Si nous faisons la traduction littérale de ce texte nous dirons : « Si le choix appartient au débiteur, l'un des esclaves étant mort, celui qui survit peut être également réclamé ». Voilà tout ce que contient ce texte ; traduire les mots *æque peti poterit*, par « pourra *seulement* être réclamé ou pourra *à bon droit* être réclamé », c'est donner au mot *æque* un sens qu'il n'a jamais eu. La décision de Papinien n'est donc pas en contradiction avec la doctrine d'Ulpien.

Papinien dit simplement que l'esclave qui a survécu pourra être encore réclamé, après la perte survenue ; il ne refuse pas au débiteur le droit de se libérer en payant l'estimation de l'esclave qui est mort.

Mais il y a plus : dans la dernière partie du texte de Papinien, le jurisconsulte suppose que des deux choses sur lesquelles portait l'alternative l'une périt par la faute ou par le fait du débiteur ; le débiteur est déchu de sa faculté d'option *quoniam id pro pe-litore in pœnam promissoris constitutum est* : sous ces expressions, quelque peu obscures, nous dégageons avec M. Labbé le motif de cette décision ; dans l'intérêt du créancier (*pro petitore*) le débiteur subit les conséquences fâcheuses de sa faute (*in pœnam debitoris*). Le choix lui est retiré, il ne lui est pas permis d'offrir l'estimation de la chose dont il a causé la perte. N'est-il pas permis d'en conclure *a contrario* que si la chose a péri fortuitement, par le pur effet du hasard, le débiteur pourra offrir au créancier l'estimation de l'objet qui a péri, il conservera le bénéfice de l'option.

Il nous reste à étudier le cas où, l'une des choses dues ayant péri par le fait du débiteur, l'autre vient postérieurement à périr par cas fortuit. Papinien résout la question en disant que l'une des choses ayant péri l'obligation a été restreinte à celle qui restait, c'est-à-dire est devenue pure et simple. « La faute du débiteur a eu pour unique effet de concentrer l'obligation sur la chose qui restait ; l'événement fortuit qui survient n'est pas de nature à faire encourir au débiteur une condamnation à des dommages-intérêts par l'action de la dette primitive. L'obligation est donc complètement éteinte ».

Mais si cette solution est d'une logique irréprochable, elle est contraire à l'équité, car si le débiteur ne saurait être forcé par le créancier de fixer son choix avant l'époque du paiement, il ne doit pas davantage avoir la possibilité d'empirer la condition du créancier et de doubler les chances de perte au préjudice de ce dernier. Le créancier pourra donc recourir pour être indemnisé soit à l'action *de dolo*, s'il y a eu mauvaise foi de la part du débiteur, soit à l'action *in factum*, s'il y a eu simple négligence. Des difficultés dans lesquelles nous n'entrerons pas se sont élevées sur la fixation du montant de l'indemnité. Suivant Pothier, l'équité voudrait que le débiteur fût tenu du prix de la chose qui a péri par sa faute. D'après M. Labbé l'indemnité devait être calculée sur la valeur de la chose qui subsistait et qui seule pouvait être exigée.

§ 4. — Contrats synallagmatiques imparfaits.

Mais si la question des risques est définitivement tranchée dans les contrats unilatéraux par le seul examen de la nature de l'obligation, il n'en est déjà plus de même dans les contrats synallagmatiques imparfaits. Les contrats de ce genre ne donnent naissance au moment de leur formation qu'à une seule obligation, mais, par suite de certains faits postérieurs au contrat, ils peuvent éventuellement engendrer une seconde obligation à la charge de l'autre partie. Supposons par exemple le contrat de dépôt : le déposant sera tenu de rembourser au dé-

positaire les dépenses que celui-ci aura été forcé de
faire pour la conservation de la chose déposée, il
sera soumis à l'action *depositi contraria*. Dès lors,
si la chose déposée périt par cas fortuit, sans doute
le dépositaire sera libéré de son obligation de restituer ; mais le déposant cessera-t-il pour cela d'être
tenu de rembourser au dépositaire les dépenses qu'il
a faites? La question des risques prend donc une
portée déjà plus considérable.

Les textes nous fournissent des arguments d'analogie qui nous permettront de la résoudre. Ulpien,
en effet, examine l'hypothèse suivante : un ami pendant mon absence a réparé ma maison, ou bien a
donné des soins à mon esclave ; puis ma maison vient
à brûler, ou mon esclave meurt ; le jurisconsulte
décide que je n'en dois pas moins indemniser le gérant d'affaires de ses déboursés et il en donne le
motif : *sufficit si utiliter gessit, etsi effectum non ha-
buit negotium... eventum non spectamus*, loi 10,
§ 1, Dig. 3, 5. Le même motif s'applique avec encore plus de force aux contrats synallagmatiques
imparfaits ; le dépositaire, le commodataire, le créancier gagiste, etc., quoique libérés de l'obligation de
restituer la chose déposée, prêtée ou donnée en gage,
pourront donc néanmoins exercer, s'il y a lieu, l'action *contraire* de dépôt, de commodat ou de gage.

Le mandataire lui aussi a l'action *mandati contraria* pour se faire rembourser par le mandant les

déponses qu'il a faites de bonne foi ; mais peut-il aussi réclamer au mandant la réparation des pertes qu'il a pu essuyer à l'occasion de l'exécution du mandat ? Nous parlons bien entendu d'une perte survenue par cas fortuit, et non d'une perte résultant d'une faute du mandataire.

Paul au paragraphe 6 de la loi 26, 17, 1 suppose certains événements fortuits, non imputables au mandataire, tels qu'un vol commis sur les grands chemins, un naufrage, des maladies, et il décide que les conséquences en seront supportées définitivement par le mandataire, *nam hæc magis casibus quam mandato imputari oportet*. Le motif de cette décision nous amène donc à formuler la distinction suivante.

La perte fortuite, non imputable au mandataire, a-t-elle un rapport direct avec l'exécution du mandat ; le mandant devra en tenir compte au mandataire. Est-elle au contraire étrangère à l'exécution, ne s'y rattache-t-elle pas nécessairement, elle doit être réputée étrangère également à la volonté du mandant, elle reste dans le domaine du pur hasard que nul n'est tenu de réparer. *Casus fortuiti a nemine præstantur* : le mandataire aura à supporter le cas fortuit. Cette distinction rend facilement compte des différentes solutions données par les textes. Le mandataire, par exemple, a acheté un esclave en exécution du mandat, il est ensuite volé par cet esclave. Le mandant sera-t-il responsable du vol ? Oui, décide

Africain au paragraphe 5 de la loi 61, Dig., 17, 2,
si le mandant a donné mandat d'acheter tel esclave
déterminé : il n'aurait pas dû ignorer en effet que
cet esclave était voleur et c'est à bon droit que le
mandataire soutiendra qu'il n'aurait pas éprouvé
cette perte s'il n'avait pas exécuté le mandat. Il résulte au contraire du paragraphe 7 de la loi 26,
Dig., 17, 1 que Paul fait supporter au mandataire
chargé d'acheter un esclave le vol commis par cet
esclave ; le mandant n'en répond pas, car les termes
du mandat laissaient au mandataire la latitude d'é-
viter la perte causée par le vol ; il n'avait qu'à s'informer avec plus de soin des vices et qualités de l'esclave, ou, s'il ne le connaissait pas, à prendre plus de
précautions. Il n'en serait autrement que si le mandant sachant que l'esclave était voleur n'en avait
pas prévenu le mandataire. Dans cette dernière hypothèse le mandataire obtiendrait par l'action *mandati* d'être complètement indemnisé des conséquences du vol. Autrement il pourra seulement demander
ut servus noxæ dedatur.

Les contrats synallagmatiques imparfaits nous
servent de transition naturelle entre les contrats unilatéraux et les contrats synallagmatiques parfaits où
la question des risques présente son principal intérêt.

DEUXIÈME PARTIE

THÉORIE DES RISQUES DANS LES CONTRATS SYNALLAGMATIQUES.

———

Les contrats dans lesquels nous abordons maintenant l'étude de la question des risques engendrent entre les parties des obligations réciproques ; les deux contractants sont liés mutuellement l'un à l'autre par un lien de droit. Dès lors, si l'exécution de l'une des obligations devient impossible par suite d'un événement fortuit, la question se pose, non seulement de savoir si la partie tenue de cette obligation est libérée, mais encore si elle a néanmoins le droit de réclamer l'exécution de l'obligation de l'autre partie. « Dans une convention, dit M. Labbé, qui a pour but un échange d'avantages, une réciprocité de prestations, si l'une des parties est privée par une cause accidentelle de l'avantage qui lui était destiné ou lui a été procuré, l'autre partie a-t-elle encore droit à la prestation convenue ? »

Nous avons à rechercher la solution de ce problème dans les divers contrats synallagmatiques.

Nous passerons successivement en revue ces différents contrats et nous examinerons ensuite l'application de la théorie des risques à la matière des
contrats innommés.

CHAPITRE PREMIER

RISQUES DANS LA VENTE.

Nous savons que la vente, en droit romain, est un contrat par lequel une des parties (*venditor*) s'oblige à procurer la possession paisible et durable d'une chose à l'autre partie (*emptor*) qui s'oblige en retour à lui payer une somme d'argent déterminée. Supposons que la chose vendue soit un corps certain qui vienne à périr par une cause fortuite. Le vendeur est libéré ; mais quelle sera la conséquence de ce fait sur l'obligation pour l'acheteur de payer le prix ? Le vendeur conserve-t-il le droit de demander le paiement, les risques sont pour l'acheteur ; l'acheteur est-il aussi libéré, les risques sont pour le vendeur.

Nous nous placerons successivement en présence d'une vente pure et simple, puis d'une vente affectée d'une modalité.

§ 1. — Vente pure et simple.

Le jurisconsulte Paul nous avertit que la solution de la question des risques dépend de la solution d'une

question préalable : celle de savoir à quel moment
précis se forme le contrat de vente : *Necessario scien-
dum est quando perfecta sit emptio : tunc enim scie-
mus, cujus periculum sit*, loi 8, pr., Dig., 18, 1.
C'est à ce moment qu'il s'établit une séparation entre les risques à la charge du vendeur et les risques
à la charge de l'acheteur.

Contrat consensuel, la vente pure et simple portant sur un corps certain est parfaite dès que les
parties sont d'accord sur la chose vendue et sur le
prix. A ce moment naissent immédiatement, pour
le vendeur l'obligation de livrer la chose, pour l'a-
cheteur l'obligation de payer le prix. La perfection
du contrat est entièrement indépendante de son exécution ; elle n'est subordonnée ni à la tradition de
la chose vendue, ni au paiement du prix.

Ceci posé, la chose vendue, nous le supposons,
vient à être détruite par cas fortuit ou par force majeure. La perte peut être soit antérieure, soit postérieure à la formation du contrat. Examinons successivement chacune de ces hypothèses :

1° LA PERTE EST ANTÉRIEURE A LA PERFECTION DU
CONTRAT : par exemple Primus vend à Secundus,
moyennant un prix donné, l'esclave Stichus qui est
à sa maison des champs : mais à l'insu des deux parties et antérieurement à leur accord l'esclave était
mort : la vente n'a pu se former, elle manque d'un
élément essentiel. L'obligation du vendeur n'a pu

naitre faute d'objet ; l'obligation réciproque et corrélative, de l'acheteur est par là même rendue impossible, elle ne peut se former, faute de cause : « ou la vente engendre deux obligations réciproques, ou elle n'existe pas (1) ». Les textes confirment cette décision : *Et si consensum fuerit in corpus, id tamen in rerum natura ante venditionem esse desierit, nulla emptio est*, 1. 15, pr., Dig., 18, 1.

Mais cela n'est vrai que si les deux parties sont de bonne foi et ignorent réellement la perte de la chose. Si le vendeur cherche frauduleusement à toucher un prix en promettant la tradition d'une chose qu'il sait ne plus exister, il commet un véritable dol et, comme la vente est essentiellement un contrat de bonne foi, on reconnaitra à l'acheteur le droit d'exercer utilement l'action *ex empto* pour obtenir réparation du dommage qui lui est causé. Sans doute il n'y a pas, en réalité, eu de vente ; mais celui qui s'oblige par un contrat de bonne foi, s'oblige à ne commettre aucun dol ; et c'est là une base suffisante pour accorder à l'acheteur l'action *ex empto*.

La même vente peut avoir pour objet deux choses différentes cédées moyennant un seul et même prix. Si l'une de ces deux choses périt par cas fortuit avant la perfection de la vente, le contrat se formera-t-il, restreint seulement à la chose qui subsiste, ou

au contraire ne pourra-t-il plus prendre naissance ?
La loi 44, Dig. 18, 1, prévoit la question et la résout :
Si duos quis servos emerit pariter uno pretio, quo-
rum alter ante venditionem mortuus est, neque in
vivo constat emptio. En réunissant deux choses dans
le même contrat, en les estimant un prix unique,
les parties ont manifesté leur intention d'en faire
un tout indivisible. La possession simultanée de ces
deux choses était indispensable à l'acheteur ; n'en
recevoir qu'une pourrait n'avoir pour lui aucun intérêt. Il serait donc contraire à l'intention même
des parties de diviser l'opération, de la maintenir
pour l'une des choses, alors qu'elle est devenue impossible pour l'autre. En conséquence, la vente ne
se formera même pas à l'égard de la chose qui subsiste ; la perte sera simplement pour le propriétaire.

Ainsi la perte totale de la chose, survenant antérieurement au moment de la perfection de la vente,
empêche le contrat de se former. Mais quel sera le
sort de la vente si la chose ne subit qu'une perte
partielle ? Les textes donnent des solutions d'espèces :
Papinien suppose la vente d'un fonds planté d'arbres ; ces arbres sont renversés par le vent ou brûlés
par un incendie ; or, c'était peut-être précisément
en considération de ces arbres que l'acheteur trai-
tait, il s'agissait par exemple d'une plantation d'oli-
viers ; le jurisconsulte décide qu'en ce cas la vente
du fonds est non avenue (loi 58, Dig., 18, 1). D'après

un autre texte, sans doute si je traite avec Primus
de la vente d'une maison qui, à notre insu, vient
d'être incendiée et dont il ne reste plus qu'un mon-
ceau de ruines, la vente est nulle ; mais si la maison
n'a été brûlée qu'en partie, il faudra examiner quelle
est l'importance des dégâts : *si pars domus maneret,*
Neratius ait, in hac quæstione multum interesse,
qvanta pars domus incendio consumptæ permaneat,
loi 57, pr., Dig., 18, 1. L'esprit qui a inspiré ces deux
solutions nous parait identique et nous en dégageons
le principe suivant : la chose vendue conserve-t-
elle, malgré la détérioration, les qualités essentiel-
les qui déterminaient sa destination et que les parties avaient eues principalement en vue en contractant, la vente subsiste parce que son objet, la chose
vendue, subsiste dans sa substance. Au contraire la
destruction partielle a-t-elle dénaturé complètement
la chose, lui a-t-elle enlevé son caractère intrinsè-
que, ses qualités déterminantes, dans ce cas la
chose en vue de laquelle l'acheteur a donné son consentement n'existe réellement plus, la vente est
nulle.

Mais, remarquons-le bien, si la vente subsiste, si
par conséquent l'acheteur reste tenu d'exécuter le
contrat sans pouvoir déclarer que la chose ne lui
convient plus, il ne faut pas en conclure qu'il demeure obligé de payer en entier le prix convenu. Le
prix fixé primitivement devra être réduit propor-

tionnellement à la diminution de valeur résultant des dégradations souffertes par la chose ; ce sera l'office du juge statuant en équité, *æstimatione viri boni arbitratu habita*, loi 57, cit. Ce sera donc dans tous les cas le vendeur qui supportera les risques puisque la perte totale ou la perte partielle de la chose retombent sur lui si la vente est annulée, et qu'il est obligé de subir une diminution de prix si la vente est maintenue.

Jusqu'à Justinien la vente est parfaite dès que les parties sont d'accord sur la chose et sur le prix ; mais dans la législation de ce prince on doit distinguer entre la vente pure et simple qui n'a pas été subordonnée à la rédaction d'un écrit, et celle qui a été expressément subordonnée à cette condition (Inst., pr. et § 3, III, 23). Pour les ventes de cette dernière catégorie, une constitution formant au Code la loi 16, 4, 21, décide qu'elles ne sont parfaites qu'autant que l'écrit a été mis au net et signé par les parties contractantes et, si c'est un acte public, par les tabellions qui le reçoivent ; ainsi, jusqu'à l'accomplissement de ces formalités la vente sera imparfaite, et par suite tous les risques seront supportés par le vendeur car la perfection du contrat dépend, dans cette hypothèse, non plus du consentement donné, mais de la régularisation de l'acte.

Il nous reste à examiner une hypothèse où il est particulièrement délicat de rechercher à quel mo-

ment précis le contrat se forme ; nous voulons parler
de la vente *inter absentes*. Les contrats de ce genre,
si usités de nos jours sous le nom de contrats par
correspondance, devaient être peu pratiqués chez les
Romains en raison de la difficulté des communica-
tions ; c'est ce qui expliquerait le silence du Digeste
à leur égard. Mais les Instituts les prévoient formellement... *inter absentes..... negotia contrahun-
tur, veluti per epistolam, veluti per nuntium*. III,
22, § 2 et Justinien recherche comment se forment
ces contrats. Après avoir posé le principe que la vente
se forme par le seul consentement des parties, il
ajoute que par suite leur présence n'est nullement
nécessaire pour que l'obligation prenne corps : *sufficit eos qui negotium gerunt consentire*. Ainsi, de
même que la vente entre personnes présentes, la
vente entre absents est parfaite dès que le consentement des parties est intervenu. Mais la difficulté est
précisément de savoir à quel moment précis se forme
le lien d'obligation résultant du consentement.
Existe-t-il dès l'instant où la pollicitation a été acceptée par la partie à qui elle a été faite ? ne prend-
il naissance au contraire qu'au moment où l'acceptation est parvenue à la connaissance de celui de qui
l'offre émanait ? On voit tout l'intérêt de la question
au point de vue des risques, si la chose vendue périt
par cas fortuit après l'acceptation mais avant que
celle-ci ne soit connue de l'auteur de la pollicitation.

Nous croyons qu'il y a accord de volonté et par conséquent formation du contrat au moment même de l'acceptation de la pollicitation (1) ; à la condition toutefois que cette acceptation ne soit pas demeurée *in mente,* mais se soit manifestée. La volonté du pollicitant se rencontre avec celle de l'autre partie à l'instant précis où cette dernière se dessaisit de son acceptation ; le contrat est parfait à l'insu même de l'auteur de l'offre. Ainsi les risques de la chose vendue ne pèseront sur lui que jusqu'au moment où l'acheteur aura manifesté son acceptation.

On a fait à cette doctrine l'objection suivante : le contrat, a-t-on dit, se forme par le concours des volontés. Or il ne peut y avoir, à proprement parler, concours de deux volontés qui s'ignorent réciproquement ; il y a bien coexistence de deux volontés, il n'y a pas concours. Le contrat ne sera donc formé qu'au moment où l'auteur de l'offre aura connaissance de l'acceptation ; par suite, les risques seront supportés par le pollicitant jusqu'au moment où il aura connaissance du consentement donné par l'acceptant.

L'argument nous semble tout au moins subtil ; deux volontés qui coexistent, tendant chacune à un but commun, nous paraissent bien près de concourir.

_____

(1) Nous laissons de côté la question de savoir jusqu'à quel moment l'auteur de l'offre peut utilement la rétracter. Cette question ne rentre pas directement dans notre sujet.

Dès que par son acceptation définitive celui à qui l'offre est faite a consenti à joindre sa volonté à la proposition émanée de la volonté du pollicitant n'y a-t-il pas vraiment accord de volontés? Les Institutes subordonnent uniquement au consentement la perfection du contrat : *consensu fiunt obligationes.* Pourquoi exiger en outre que l'auteur de l'offre ait connaissance du consentement donné par l'autre partie? Ne serait-il pas alors à la fois équitable et logique de décider que le concours de volontés ne sera définitivement établi qu'autant que le pollicitant lui-même aura notifié à l'acceptant que lors de l'arrivée de l'acceptation il persistait dans son offre, et alors les risques devraient rester à la charge du vendeur jusqu'au jour où l'acheteur aurait reçu cette notification?

2° La perte de la chose vendue survient emptione perfecta : nous nous sommes placés jusqu'à présent dans l'hypothèse où la chose vendue a péri par cas fortuit avant que la vente fût *perfecta* ; nous avons constaté que le vendeur supportait les risques aussi bien de perte totale que de perte partielle.

Nous devons supposer maintenant une vente parfaite. Nous savons que, dans la vente pure et simple, le contrat est parfait dès que les parties sont d'accord sur la chose et sur le prix ; il n'est nullement nécessaire pour la perfection du contrat que la chose vendue ait été livrée à l'acheteur. Or la perte de la chose vendue, survenant postérieurement à la perfection du contrat, peut se produire soit après l'exécution complète de la vente, soit après la livraison de la chose mais avant le paiement du prix, soit enfin avant la mise en possession de l'acheteur et avant le paiement du prix. Dans tous les cas, du moment où la vente est parfaite, les risques de la chose vendue pèsent sur l'acheteur, en ce sens que, n'ayant plus la chose ou ayant perdu le droit de l'exiger, il n'en continue pas moins à devoir le prix convenu ou ne peut le répéter.

Que l'acheteur demeure obligé de payer le prix convenu lorsque la chose dont il lui a été fait tradition vient à périr par cas fortuit entre ses mains, c'est une solution équitable. Le vendeur en effet qui a mis l'acheteur en possession de la chose vendue a exécuté quant à lui son obligation ; il est donc juste qu'à son tour l'acheteur reste tenu d'exécuter la sienne, c'est-à-dire de payer le prix. Mais la règle que nous avons formulée paraît consacrer une solution injuste lorsque, le cas fortuit survenant après la perfection du contrat mais avant la tradition de la chose, le vendeur est libéré de son obligation par l'impossibilité où il se trouve de l'exécuter, alors que l'acheteur qui ne reçoit rien ou qui ne reçoit qu'une chose détériorée demeure néanmoins tenu de payer intégralement le prix convenu.

Nous devons donc d'une part démontrer que telle

est bien la vraie doctrine romaine; d'autre part rechercher quels motifs peuvent la justifier.

Les textes qui transportent les risques de la chose vendue sur l'acheteur dès l'instant de la perfection de la vente sont nombreux et catégoriques. Le jurisconsulte Paul pose la règle dans les termes les plus formels : *...perfecta emptione, periculum ad emptorem respiciet...*, loi 8, pr., Dig., 18, 6. Dans la loi 11, pr., Dig., 21, 2, il en fait l'application et en précise le sens en déclarant que la perte fortuite de la chose n'affranchit pas l'acheteur de l'obligation de payer le prix : *Paulus respondit : futuros casus evictionis post contractam emptionem ad venditorem non pertinere et ideo pretium praediorum peti posse,* enfin le même jurisconsulte développe dans la loi 7, pr., Dig., 18, 6, les arguments d'équité que l'on peut invoquer en faveur du principe.

Julien assimile la perte de la chose vendue par cas fortuit à la tradition elle-même, puisque par ce fait le vendeur est libéré et l'acheteur supporte cette perte. *Mortuo autem homine, perinde habita est venditio, ac si traditus fuisset ; utpote cum venditor liberetur, et emptori homo pereat ; quare, nisi justa conventio intervenerit, actiones empto et vendito manebunt,* loi 5, § 2, Dig., 18, 5. Ainsi le vendeur armé de l'action *venditi* pourra réclamer le paiement du prix.

Une décision d'Ulpien suppose aussi nécessairement le même principe, car d'après ce jurisconsulte, si l'esclave vendu meurt avant la tradition, le vendeur pourra réclamer non seulement le prix, mais encore les frais faits pour les funérailles de l'esclave, loi 13, § 22, Dig., 19, 1.

Les constitutions impériales insérées au Code sous le titre *de periculo et commodo rei venditæ*, livre IV, titre 18, reproduisent et commentent le même principe. La loi 1 pose en règle générale : *Post perfectam venditionem omne commodum et incommodum quod rei venditæ contingit, ad emptorem pertinet* et l'empereur Gordien qui reproduit cette doctrine ajoute qu'aucun doute ne peut s'élever à son sujet : *in dubium non venit*, loi 4, Code, 4, 18. Les empereurs Dioclétien et Maximien l'énoncent à nouveau et en déduisent les conséquences logiques : *casus.... ad emptorem pertinet ;.... solutionem pretii emptor non recte recusat*, loi 6, Code, 4, 18, loi 5, *id*.

Enfin les Institutes de Justinien, dans un texte auquel sa clarté et son élégance permettent d'attribuer une origine classique, reproduisent cette doctrine dans les termes les plus précis et les plus décisifs : § 3, III, 23.

Cum autem emptio et venditio contracta sit (quod effici diximus, simul atque de pretio convenerit, cum sine scriptura res agitur) periculum rei venditæ statim ad emptorem pertinet, tametsi adhuc ea res emptori tradita non sit. Itaque si homo mortuus sit, vel aliqua parte corporis læsus fuerit, aut ædes totæ vel aliqua ex parte incendio consumptæ fuerint, aut fundus vi fluminis totus, vel aliqua ex parte ablatus sit, sive etiam inundatione aquæ, aut arboribus turbine dejectis longe minor aut deterior esse cœperit, emptoris damnum est, cui necesse est, licet rem non fuerit nactus, pretium solvere.

. Ce texte si formel, inséré dans un livre élémentaire destiné à l'enseignement officiel du droit dans les écoles de l'empire, ne peut laisser subsister aucun doute sur la véritable doctrine romaine. Nous pouvons la résumer dans le brocard courant *res perit creditori.*

Malgré l'autorité considérable de ces textes, nous dirions volontiers leur évidence, des auteurs anciens ont soutenu que les risques de la chose vendue sont à la charge de l'acheteur non point dès l'instant même de la perfection du contrat mais seulement à partir de la tradition. Jusqu'à ce moment, suivant ces auteurs, les risques seraient à la charge du vendeur, et comme le plus souvent ce dernier est propriétaire de la chose vendue ils opposent à l'adage *res perit creditori* l'adage *res perit domino.*

Notre grand romaniste Cujas s'appuyant sur un texte d'Africain devenu célèbre (loi 33, Dig., 19, 2) a essayé d'établir cette doctrine dans son traité *Ad Africanum.* D'après lui, c'est le vendeur qui supporte la perte fortuite de la chose vendue tant qu'il n'en a pas fait la tradition à l'acheteur; par suite, si la chose vendue vient à périr avant que la possession en ait été transférée à l'acheteur, le vendeur perd le droit de réclamer le prix ou doit le restituer s'il l'a déjà reçu (1).

Les partisans de cette théorie cherchent d'abord à écarter les textes si formels qui font peser les risques sur l'acheteur. Tout d'abord, prétendent-ils, d'une manière générale, ces textes n'entendent pas dénier à l'acheteur le droit de retenir son prix ou de le répéter, ils lui refusent simplement le droit d'exiger des dommages-intérêts. De plus Cujas essaie de réfuter directement certains de ces textes. Un des plus embarrassants pour son système était le fragment si précis de Paul... *perfecta emptione periculum ad emptorem respiciet*, loi 8, pr., Dig., 18, 6, mais il ne s'y arrête pas et se borne à déclarer que *ita accipienda est ea regula, ut res pereat emptori, non pretium, id est si res perierit ante traditionem*. Il commente également un autre fragment du Digeste, la loi 11, 21, 2 dans lequel Paul, prévoyant un cas spécial de confiscation *ex præcepto principis*, décide que l'acheteur n'en doit pas moins payer le prix, parce que les *casus evictionis* survenant *post contractam emptionem* ne regardent plus le vendeur.

(1) Dans ses *Recitationes in Codicem*, Cujas enseigne au contraire que les risques sont supportés par l'acheteur, mais il ajoute toutefois que sa première opinion lui paraît plus équitable (IV, tit. 18).

Ce texte n'indique pas d'une façon précise si la confiscation a eu lieu avant ou après la tradition : Cujas s'appuyant sur ce qu'il y est question d'une dépossession suppose que dans l'espèce prévue la confiscation n'a eu lieu qu'après la tradition, ce qui ne contredirait plus sa doctrine. La supposition de Cujas n'est nullement justifiée, et les mots *post contractam emptionem* nous paraissent plus favorables à l'hypothèse d'après laquelle la tradition n'aurait pas encore eu lieu quand la confiscation est intervenue.

Reste enfin le passage remarquable des Institutes que nous avons cité, si décisif qu'on ne peut tenter de le réfuter ; Cujas l'écarte en avouant qu'il est formel, mais en ajoutant qu'il n'est que l'expression d'un droit ancien et rigoureux répudié plus tard par la jurisprudence romaine. Il resterait alors à expliquer comment un livre élémentaire, destiné à l'enseignement, reproduit avec des détails si précis une règle tombée depuis longtemps en désuétude.

N'était l'autorité qui s'attache au grand nom de Cujas nous qualifierions tous ces arguments de peu sérieux. Passons maintenant à la discussion des textes invoqués par les partisans de son système.

Ils s'appuient tout d'abord sur deux fragments de Paul et un fragment de Julien formant les lois 12, 13 et 11, Dig., 18, 6.

Voici les textes de Paul :

Loi 12. — *Lectos emptos ædilis cum in via publica positi essent, concidit : si traditi essent emptori, aut per eum stetisset quominus traderentur, emploris periculum esse placet.*

Loi 14, pr. — *Quod si neque traditi essent neque emptor in mora fuisset, quominus traderentur, venditoris periculum erit.*

Ces textes supposent l'hypothèse suivante : des lits ayant été vendus, ont été placés sur la voie publique, et l'édile les a fait briser comme gênant la circulation. Paul décide que la perte sera supportée par l'acheteur si la tradition a été faite ou s'il n'a tenu qu'à lui qu'elle le fût ; sinon par le vendeur. Or, entre ces deux fragments de Paul, les compilateurs du Digeste ont intercalé un texte de Julien dans lequel ce jurisconsulte décide que si l'édile a fait briser les lits sans en avoir le droit, l'acheteur aura contre lui l'action de la loi Aquilia, ou tout au moins il pourra agir contre le vendeur par l'action *ex emplo* pour se faire céder les actions que celui-ci possède contre l'édile. Ceci posé on raisonne ainsi : Julien prévoit expressément l'hypothèse d'un événement fortuit, car le fait d'un tiers agissant sans droit constitue un cas fortuit ; le texte suivant de Paul ne distinguant pas doit nécessairement se placer dans la même hypothèse ; et la solution qu'il donne est formelle : *venditoris periculum erit.* De l'ensemble de ces trois textes on conclut donc que l'acheteur ne supporte le risque que lorsqu'il a reçu tradition de la chose vendue ; jusqu'à ce moment c'est le vendeur qui court les chances de perte fortuite.

On a depuis longtemps fait remarquer que les deux fragments de Paul, maladroitement séparés par l'intercalation d'un autre texte, se suivaient sans nul doute dans l'ouvrage du jurisconsulte. Dès lors le passage interposé de Julien sert à dénaturer la pensée de Paul. Les décisions de celui-ci s'expliquent, semb'e-t-il, par cette idée que, dans l'espèce, la destruction des lits vendus ne résulte pas d'un cas fortuit, mais est la conséquence d'une faute : est en faute en effet celui qui, ayant la propriété ou la garde d'une chose, l'a placée sur la voie publique et a ainsi gêné la circulation. Dès lors qui supportera les conséquences de cette faute ? l'acheteur s'il avait reçu la tradition ou s'il avait été mis en demeure de la recevoir, sinon le vendeur. Julien, au contraire, se place simplement en présence d'un cas fortuit, le fait d'un tiers ; l'acheteur supportera les risques, mais il pourra se faire céder par le vendeur son action contre ce tiers. Ainsi, en rendant à chaque jurisconsulte ce qui lui appartient, on fait évanouir l'argument invoqué.

La loi 14, § 1, confirme l'interprétation que l'on donne aux deux textes de Paul précités. En effet, dans cette loi, le même jurisconsulte, prévoyant le vol de la chose avant la tradition, met également la

4

perte à la charge du vendeur, s'il a commis la faute
de ne pas apporter tous ses soins à la garde de l'objet vendu.

À l'appui de la maxime *res peril domino* on a encore essayé de faire valoir un rescrit de Dioclétien formant au Code la loi 9, 4, 24. Ce texte se place dans l'hypothèse suivante : un débiteur a constitué un gage en garantie d'une dette préexistante : suivant l'usage le créancier a déposé dans un magasin public l'objet engagé, et cet objet vient à périr par cas fortuit. La perte, décide le texte, sera supportée par le débiteur *pignus in bonis debitoris permanere, ideoque ipsi perire in dubium non venit.* Quant au créancier qui n'a aucune faute à se reprocher, il conserve intact son droit de créance.

Ce texte, croyons-nous, est parfaitement étranger à notre question, et ne doit pas nous arrêter. D'une part, en effet, il ne prévoit pas des obligations nées d'un contrat synallagmatique ; il se réfère à l'hypothèse de deux obligations issues de deux contrats distincts, l'un principal, l'autre accessoire, et il établit seulement « que de deux contrats, l'un principal et l'autre accessoire, le sort du contrat principal est tout à fait indépendant du sort du contrat accessoire (1) ». D'autre part il ne justifie même pas la maxime *res peril domino*. En effet, si dans l'espèce

(1) M. Labbé, *op. cit.*, n° 127.

prévue les risques sont à la charge du propriétaire, ce n'est pas en cette qualité et comme tel qu'il les supporte. C'est uniquement parce que, tout en étant propriétaire, il est aussi créancier, de par le contrat de gage, de l'objet engagé, et cela justifie tout aussi bien la maxime *res perit creditori*. Débiteur, en vertu de l'obligation contractée par lui, de la chose promise, il est, en vertu du contrat de gage, créancier de la restitution de l'objet engagé, en même temps que propriétaire. Dire qu'ici la perte est pour le propriétaire, c'est uniquement indiquer par une de ses qualités la personne qui supporte les risques, et non justifier la décision.

Nous restons en présence de la célèbre loi d'Africain sur laquelle Cujas a édifié sa théorie. Voici ce texte (loi 33, Dig., 19, 2) :

Si fundus quem mihi locaveris, publicatus sit, teneri te actione ex conducto, ut mihi frui liceat, quamvis per te non stet quominus id præstes ; quemadmodum, inquit, si insulam ædificandam locasses, et solum corruisset, nihilominus teneberis : nam et si vendideris mihi fundum, ipse priusquam vacuus traderetur, publicatus fuerit, tenearis ex empto : quod hactenus verum erit ut pretium restituas, non ut etiam id præstes, si quid pluris mea intersit, cum vacuum mihi tradi.

Dans ce fragment, Africain s'occupe principalement des risques dans le louage, et il traite inci-

demment des risques dans la vente. Un fonds de terre
est vendu ; avant qu'il ait été livré à l'acheteur il
est confisqué ; c'est le vendeur qui supporte la perte ;
en effet, décide le jurisconsulte, il est tenu de restituer le prix à l'acheteur, mais il ne devra point de
dommages-intérêts, car il n'est pas responsable de
l'événement qui l'a mis dans l'impossibilité d'exécuter son obligation.

Cette loi contredit donc formellement tous les textes que nous avons cités, elle met à la charge du
vendeur les risques survenus avant la tradition, et
d'après Cujas, c'est là la véritable doctrine romaine.

L'opinion du grand romaniste est écartée par tous
les auteurs ; il est tout au moins bizarre, lorsque les
titres consacrés à la vente dans le Digeste et dans le
Code présentent sur les risques des solutions formel-
les et concordantes, d'aller prétendre chercher la
véritable règle dans un texte isolé et relatif au louage.
Cujas semble ici « avoir imité les interprètes qui
conçoivent *a priori* un système et violentent les textes pour les soumettre à leur conception (1) ». Nous
n'insisterons donc pas sur cette doctrine, car nous
avons réfuté successivement ses principaux arguments. La véritable doctrine romaine est celle que
les Institutes exposent avec tant de force.

Mais si les textes résistent à l'interprétation que

(1) M. Labbé, *op. cit.*, n° 92.

veut leur donner Cujas il reste à savoir s'il est possible de concilier la décision d'Africain avec les textes du Digeste, du Code et des Institutes si clairs, si
précis et entre eux d'une si puissante harmonie. De
nombreuses conciliations ont été proposées ; aucune
n'a paru jusqu'à présent satisfaisante. Nous passerons donc rapidement en revue les principales opinions émises sur ce point.

Pour certains auteurs (1) il ne peut évidemment
s'agir dans le texte d'Africain d'une confiscation mo-
tivée par un crime ou par une faute du vendeur, car
dans cette hypothèse, non seulement le vendeur ne
pourrait pas exiger le prix, mais encore il serait
responsable et pourrait devoir des dommages-intérêts, ce que le jurisconsulte nie dans l'espèce. Mais,
alors même que la *publicatio* n'est pas prononcée à
titre de peine, elle n'est pas cependant un événement
purement fortuit et frappant au hasard ; elle est
une disposition rigoureuse prise contre une personne ; elle doit peser en définitive sur celui qu'elle
atteint, c'est-à-dire, avant la tradition, sur le vendeur ; l'acheteur ne doit aucunement en souffrir,
c'est pour ce motif qu'il conserve son prix. Cette
explication va à l'encontre du texte d'Africain, qui
assimile la *publicatio* à un écroulement du sol *que-*
madmodum.., si solum corruisset. Il suppose donc

_____

(1) Osius Aurelius, Vinc. Cabotius, Noodt, Lauterbach.

bien qu'il s'agit d'un cas fortuit, et d'ailleurs d'autres textes du Digeste, notamment la loi 11, 21, 2, présentent la confiscation comme un cas de force majeure.

D'autres interprètes (1), tout en écartant l'hypothèse d'une faute commise par le vendeur, supposent que la *publicatio* qui apporte dans la loi 33 une exception à la règle générale des risques doit avoir une cause préexistante à la perfection de la vente ; l'acheteur l'ignorait et ainsi la chose exposée à une expropriation sans indemnité était, à son égard, comme infectée d'un vice caché, rédhibitoire ; par suite l'acheteur privé de la chose a droit au moins à la restitution ou à la libération du prix, comme dans l'*actio redhibitoria*. Le défaut de cette explication est d'ajouter au texte un élément qu'il ne contient pas. Africain n'indique en aucune façon que la confiscation ait une cause antérieure à la tradition, ce qui serait pourtant le motif déterminant de sa décision ; de plus la confiscation ou la possibilité d'une expropriation n'est nulle part considérée comme un vice de la chose.

Le président Antoine Fabre a proposé une autre conciliation ; d'après lui, il faudrait distinguer deux sortes de cas fortuits : les uns qui détruisent ou détériorent la chose vendue, les autres qui, sans l'a-

---

(1) Voëtz, M. Maynz, *Cours de droit romain*, § 210, t. II. M. Molitor, *Les obligations*, t. I, nᵒ 125.

néantir, la mettent hors d'état d'être fournie à l'acheteur. Quand la chose vendue périt fortuitement, sans doute la perte incombe à l'acheteur, le vendeur peut exiger le prix ; s'agit-il au contraire de cas fortuits de la seconde catégorie, c'est-à-dire de ceux qui tout en laissant subsister la chose mettent le vendeur dans l'impossibilité de la livrer, le vendeur ne peut exiger le paiement du prix que s'il est en mesure de céder à l'acheteur une action pour le mettre en possession de la chose vendue ou pour en recouvrer la valeur ; si le vendeur n'a aucune action à céder, il ne peut exiger de l'acheteur le paiement du prix, c'est lui qui supporte le risque. Il en est bien ainsi en cas de confiscation ; la chose subsiste bien *in rerum natura*, mais le vendeur ne peut rien céder à l'acheteur à sa place. La distinction est ingénieuse ; mais le texte même de la loi 33 ne permet pas de l'admettre, puisqu'Africain y assimile la confiscation (cas fortuit qui laisse subsister la chose) à un écroulement du sol (cas fortuit qui amène son anéantissement matériel) et décide que ces deux ordres d'événements entraînent les mêmes conséquences au point de vue des risques. D'ailleurs M. Labbé a mis à néant la distinction présentée par A. Fabre en posant le dilemme suivant : « ou la confiscation rend impossible l'exécution de l'obligation du vendeur, sans qu'aucune faute lui soit imputable et sans qu'il ait aucune compensation à céder à l'acheteur, le vendeur est libéré comme par une destruction radicale, et l'on ne voit pas pourquoi le vendeur ne pourrait dans le cas de *publicatio* demander le prix s'il peut l'exiger en cas d'anéantissement fortuit de la chose ; ou la circonstance que la chose survit à la *publicatio* et demeure dans le commerce des hommes fait considérer l'obligation du vendeur comme ayant encore un objet et comme étant susceptible d'exécution, et alors ce n'est pas la restitution du prix que l'acheteur a le droit de poursuivre, c'est la livraison de la chose vendue, ou une condamnation pécuniaire équivalente ; or, Africain n'admet pas cette seconde solution, car il nie que le vendeur doive *quanti intersit emptoris fundum vacuum tradi.*

Dans son *Traité de la vente,* Pothier adopte une opinion qui avait été proposée par Davezau, professeur à l'université d'Orléans. D'après cet auteur, lorsqu'un fonds fait l'objet d'une *publicatio ex præcepto principali,* le contrat de vente disparaît : tout se passe comme s'il n'y avait jamais eu vente. C'est pour ce motif que la loi 33 donne à l'acheteur pour se faire restituer le prix l'action *ex empto* qu'on accorde en cas de résolution du contrat. Dans ce cas, si la vente est rescindée, ce n'est pas parce que la chose vendue a péri par cas fortuit, c'est, reproduit Pothier, parce que « les lois qui ordonnaient aux possesseurs de quitter la possession de leurs héritages pour quelque cause publique portaient cette clause : nonobstant toutes ventes qu'ils en auraient faites précédemment, lesquelles demeureront nulles. La vente étant donc en ce cas rescindée, l'acheteur a la répétition du prix ; mais lorsque la chose vendue a péri, la vente n'est pas pour cela rescindée ». Ce système serait admissible s'il justifiait de l'existence d'une telle clause qu'il ne fait que supposer. Mais aucun texte ne laisse entrevoir une clause de ce genre, et de plus on peut faire remarquer que si la vente était nulle, l'acheteur aurait pour la restitution du prix, non pas l'action *ex empto* que lui accorde Africain, mais la *condictio indebiti*.

Nous arrivons à l'une des plus intéressantes explications qui aient été proposées, celle de M. Demangeat (1). Le savant auteur ne cherche pas seulement à concilier la loi 33 avec les autres textes ; il prétend, à l'exemple de Cujas, lui donner une portée générale en la rendant applicable à tous les cas fortuits. Africain dans le texte discuté fait une assimilation entre le louage et la vente, il n'admet donc pas la différence profonde qui a prévalu en jurisprudence romaine entre ces deux contrats, au point de vue des risques ; or M. Demangeat fait ressortir avec force l'analogie existant entre les obligations que les textes imposent au vendeur et au locateur, analogie qui se reflète jusque dans les mots. Dans le

(1) *Cours de droit romain*, t. II, p. 351.

louage en effet, le bailleur doit *præstare frui licere*;
dans la vente, le vendeur doit *præstare habere licere*.
C'est donc un avantage de fait que vendeur et locateur sont tenus de procurer; le locataire doit avoir
la détention avec la faculté de retirer de la chose
louée son utilité périodique, susceptible de se reproduire; l'acheteur doit recevoir la possession avec la
faculté d'utiliser la chose à sa guise. Aussi, dit
M. Demangeat, Africain me semble-t-il avoir reproduit dans la loi 33 une ancienne doctrine d'après laquelle, comme le bailleur n'a droit à la *merces*, c'est-
à-dire au loyer, qu'en proportion de la jouissance
qu'il a effectivement procurée au preneur, de même
le vendeur n'a pas droit au prix lorsque, même sans
sa faute, la chose n'a pas pu être livrée à l'acheteur.
C'est ainsi que nous voyons Julien, contemporain
d'Africain, poser en principe qu'il serait contraire à
la bonne foi *ut emptor rem amitteret et pretium venditor retineret* (loi 11, § 18, Dig., 19, 1). Mais les
jurisconsultes postérieurs ont décidé, et cette décision a fini par être universellement admise, que sous
le rapport des risques il ne fallait pas traiter de
même le vendeur et le locateur ».

Cette opinion est séduisante et habilement présentée; néanmoins elle n'a pas prévalu, car elle a
contre elle le texte même d'Africain; en effet, si
l'ancienne doctrine, représentée d'après M. Demangeat par ce jurisconsulte, assimilait les obligations

du vendeur aux obligations du locateur, elle eût dû décider logiquement que l'un et l'autre n'ont droit au prix qu'en raison et en proportion de l'avantage réellement procuré ; par conséquent, dans cette opinion, la perte de la chose vendue, survenant par cas fortuit après la tradition et privant l'acheteur de la possession, aurait dû entraîner pour le vendeur l'obligation de restituer tout ou partie du prix ; or il est certain que le fragment controversé attribue d'une façon définitive le prix au vendeur, après la tradition ; une fois la tradition faite Africain fait passer les risques d'une perte fortuite de la tête du vendeur sur la tête de l'acheteur.

En outre le texte de Julien, que M. Demangeat rapproche du texte d'Africain, se réfère à une hypothèse tellement différente de celle que prévoit la loi 33 qu'on ne peut en conclure que les deux jurisconsultes professaient la même opinion. Africain traite des risques, c'est-à-dire d'une perte fortuite survenant après la vente, sans aucune faute du vendeur. Julien au contraire suppose une éviction, l'acheteur est dépossédé en vertu d'un droit qui appartenait à un tiers antérieurement à la vente ; le vendeur a promis de livrer à l'acheteur une chose dont il ne pouvait lui assurer la possession paisible et durable, n'ayant lui-même qu'une possession précaire. Dans cette hypothèse, une clause expresse de non garantie exonèrera bien le vendeur de l'obliga-

tion de payer des dommages-intérêts, mais, ajoute
Julien, il serait contraire à la bonne foi que l'acheteur soit privé et de la chose et du prix. Il interdit
donc simplement au vendeur de faire un gain illicite aux dépens d'autrui en procurant à l'acheteur
un avantage purement illusoire. D'ailleurs nous
avons vu le même Julien, dans la loi 5, § 2, 18, 5,
assimiler au point de vue des risques la perte de la
chose à la tradition et décider que la perte survenant par cas fortuit avant la tradition est à la charge
de l'acheteur.

Nous ne pouvons accepter davantage les opinions
qui prétendent voir, dans la *publicatio* de la loi 33,
soit une confiscation pénale, soit une expropriation
pour cause d'utilité publique. Le texte d'Africain
résiste à ces conciliations : s'il s'agissait d'une confiscation pénale, le vendeur pourrait devoir des dommages-intérêts et la loi décide formellement le contraire ; s'il s'agissait d'une expropriation pour cause
d'utilité publique, sans doute l'antinomie disparaîtrait, car, dans l'espèce, le vendeur aurait reçu une
indemnité et, s'il n'était pas forcé de restituer le prix,
il conserverait à la fois et l'indemnité et le prix, ce
qui serait contraire au principe qu'on ne peut s'enrichir aux dépens d'autrui ; mais Africain ne prévoit
pas uniquement l'hypothèse d'une *publicatio*, sa décision a une portée générale, elle s'étend à tous les
cas fortuits puisqu'il assimile la *publicatio* à un
écroulement du sol.

Nous ne nous arrêterons pas plus longtemps sur cette discussion ; sans doute il ne faut voir dans la loi 33 qu'une opinion isolée, particulière à Africain et différente de celle des autres jurisconsultes ; toutes les conciliations proposées laissent place à la critique et nous sommes tentés de répéter avec M. Labbé la phrase de Pothier : *quarum quæ potius sequenda sit fateor me ignorare.*

Quoi qu'il en soit, deux considérations infirment absolument l'autorité de ce texte ; d'abord ce n'est qu'incidemment et à propos d'une question de louage qu'il s'occupe des risques dans la vente ; en second lieu, et l'argument est puissant, le même Africain dans la loi 39, *de solutionibus*, consacre la doctrine dont il s'écartait dans la loi 33, *locati conducti*, et met les risques à la charge de l'acheteur du jour de la perfection du contrat (1). Le jurisconsulte (loi 39, Dig., 46, 3) suppose un acheteur et un vendeur qui, se défiant réciproquement l'un de l'autre, déposent entre les mains de tierces personnes, l'un son argent, l'autre la chose vendue ; il décide que l'argent reste aux risques et périls de l'acheteur, surtout si c'est lui qui a choisi le dépositaire, et que c'est également l'acheteur qui court le risque de la perte de la chose vendue, parce que la vente est parfaite.

Ainsi, Africain admet ici qu'il suffit que le contrat

---

(1) Accarias, t. II, p. 475, note 2. Labbé, n° 90.

de vente soit formé par le consentement des parties
pour que la perte de la chose survenant par cas fortuit pèse sur l'acheteur ; il n'est pas nécessaire que
la tradition en ait été faite, car le dépôt de la chose
vendue entre les mains d'un tiers la détenant pour
le compte du vendeur ne peut être considéré comme
équivalant à la tradition.

Néanmoins on a essayé de soutenir qu'Africain
ne s'est pas contredit lui-même et que ses deux textes font l'application d'une même doctrine. Sans
doute, a-t-on dit, la loi 39, *solut.*, est relative à un
cas de perte fortuite et elle fait supporter la perte
par l'acheteur, mais le moment où s'est produit le
cas fortuit est tout autre que dans la loi 33, *locati.*
Dans cette dernière, il est question d'une perte arrivée avant la tradition, tandis que dans la loi 39 la
tradition a déjà été faite ; voilà pourquoi la perte,
se produisant alors que tout rapport d'obligation a
cessé entre l'acheteur et le vendeur, doit être supportée par l'acheteur. En effet, ajoute-t-on, la tierce
personne désignée a reçu mandat de l'acheteur de
recevoir la chose, mandat du vendeur de recevoir le
prix. Par suite, dès que la chose vendue a été remise à ce tiers, la possession en est acquise à l'acheteur comme si la tradition avait été faite à lui-
même. Si la chose vient ensuite à périr chez le dépositaire, la perte est réputée arrivée chez l'acheteur et
c'est lui qui la supporte, non en vertu de la seule

perfection du contrat, mais parce que la tradition a été effectuée et a rendu l'acheteur propriétaire.

Nous ne pouvons admettre cette explication. En effet, si la tierce personne avait, comme on le prétend, reçu mandat de l'acheteur de recevoir la chose, mandat du vendeur de recevoir le prix il faudrait logiquement en conclure que, de même que la perte de la chose vendue survenant entre les mains du tiers est réputée arrivée entre les mains de l'acheteur son mandant, de même la perte fortuite de la somme, survenant également entre les mains du tiers, devra être supportée par son mandant, le vendeur. Or la loi 39 décide formellement que la somme déposée est aux risques de l'acheteur, c'est donc que le tiers dépositaire n'avait pas reçu mandat de la part du vendeur, mais alors comment supposer qu'il avait reçu mandat de l'acheteur ?

Nous croyons donc que la doctrine d'après laquelle dans une vente pure et simple les risques sont supportés par l'acheteur du jour de la perfection du contrat, a été consacrée par le sentiment unanime des jurisconsultes romains. Il nous reste maintenant à la justifier.

Que l'acheteur qui a reçu tradition de la chose supporte désormais les cas fortuits, c'est comme nous l'avons indiqué précédemment une solution équitable. Mais comment expliquer que la perte ou la détérioration de la chose survenant avant la tradition, l'acheteur qui ne reçoit rien ou qui ne reçoit qu'une chose hors d'usage demeure néanmoins tenu de payer intégralement le prix convenu ?

On a tiré des textes du Digeste et des Institutes une considération sur laquelle on s'est principalement appuyé pour déclarer la doctrine romaine conforme à l'équité. L'acheteur, a-t-on dit, profite des augmentations ou des améliorations que la chose vendue a reçues avant la tradition : il est donc juste que, réciproquement, il subisse la perte ou la détérioration ; le vendeur ne pourrait exiger de lui un prix plus élevé en raison de l'augmentation ; l'acheteur ne saurait davantage se prévaloir de la perte pour refuser de payer au vendeur le prix convenu ou pour le répéter. Les textes en effet suggèrent ce parallèle en rapprochant le *periculum* et le *commodum rei*. Les Institutes, 3, liv. III, tit. 22, ont soin de remarquer que celui qui supporte les risques, doit bénéficier des avantages : *nam et commodum ejus esse debet, cujus periculum est.*

Paul dans un fragment formant la loi 7, pr. Dig., 18, 6 présente la même observation : *Id quod post emptionem fundo accessit per alluvionem, vel periit, ad emptorem commodum, incommodumque pertinet : nam et si totus ager post emptionem flumine occupatus esset, periculum esset emptoris, sic igitur et commodum ejus esse debet.* Dans l'hypothèse où se place le jurisconsulte et que les Institutes reproduisent après lui, cette idée de justice distributive faisant peser sur la même personne les chances bonnes ou mauvaises relatives à un même objet peut justifier la règle que nous avons établie. Ces textes prennent en effet comme exemple celui de l'alluvion, c'est-à-dire un cas où il y a accroissement de la substance même de la chose; rien que de logique dès lors à présenter comme corrélatif de cet avantage la destruction de la chose. Mais en dehors de ce cas, en somme peu pratique, il faut bien avouer que pour la plupart des choses vendues la chance de perte n'est nullement compensée par une chance d'accroissement de la chose dans ses éléments constitutifs. Les pertes fortuites ne sont pas des événements extraordinaires et toute chose faisant l'objet d'un contrat y est exposée : au contraire les augmentations accidentelles ne se conçoivent que pour un nombre de choses assez restreint, et quand elles sont possibles, elles ne se produisent que dans des cas excessivement rares. On est donc réduit le plus souvent à présenter comme compensation de la perte totale ou partielle de la chose une augmentation de sa valeur : mais alors le raisonnement devient vicieux. « On compare des choses qui n'ont pas même nature, qui n'ont rien de corrélatif, qui ne peuvent pas s'équilibrer. Sans doute, parce que l'acheteur profite sans augmentation du prix de l'accroissement de *valeur* de la chose vendue, il y a raison suffisante de lui

faire supporter, sans diminution de prix, une dépré-
ciation, une perte de *valeur*. La chose reste la même,
la valeur seule varie dans les deux hypothèses contraires. Mais, si nous supposons une perte totale ou
partielle de la chose, une destruction de substance,
nous devons mettre en balance un accroissement de
substance, un développement de la chose dans son
être, dans son étendue, dans ses éléments constitutifs ; voilà les seules choses qui étant de même nature
soient comparables (1) ».

Il faut donc laisser de côté ce prétendu motif d'é-
quité et chercher dans des arguments de droit la
justification de la règle : *Emptione perfecta, periculum rei ad emptorem pertinet.*

La vente est un contrat synallagmatique ; elle
met à la charge de chaque partie des obligations
réciproques. Pour que le contrat se forme il faut
que chaque partie s'oblige afin d'obliger l'autre ; dès
que ces deux obligations ont coexisté le contrat est
parfait. Mais ces deux obligations qui ont coexisté
sont désormais indépendantes l'une de l'autre et le
sort de l'une doit être sans influence sur le sort de
l'autre. Chacune a son existence propre, son objet
distinct et c'est simplement à la différence d'objet,
de ces deux obligations indépendantes que tient la
solution de la question des risques. Le vendeur a

---

(1) M. Labbé, *op. cit.*, n° 81.

promis un corps certain, la perte de la chose le libère
donc comme l'aurait fait l'exécution même de la
dette, *debitor speciei certæ interitu ejus liberatur.*
L'obligation de l'acheteur au contraire porte sur un
genre, elle ne peut s'éteindre *genera non pereunt.*
Ainsi, des deux obligations nées du contrat, celle de
l'acheteur subsistant seule, il reste tenu de l'exécuter, et bien qu'il ne reçoive pas la chose vendue, il
n'en demeure pas moins obligé de payer le prix.

Telle est l'explication juridique de notre règle.
Est-elle fondée en équité ? Oui, prétend-on, car du
moment qu'un contrat a produit son effet, que les
parties ont atteint le but qu'elles se proposaient, il
est juste qu'elles subissent les chances de l'avenir,
relativement à l'objet que le contrat leur a fait acquérir. Or, dès la perfection du contrat, l'acheteur
étant devenu créancier a atteint son but, par conséquent la chose sur laquelle porte son droit de créance
doit être à ses risques.

Toute la question est précisément de savoir si l'a-
cheteur a en effet atteint son but par cela seul qu'il
est devenu créancier de la chose. Nous ne le croyons
pas. Le résultat auquel il tendait n'était pas la simple acquisition d'un droit de créance ; ce qu'il avait
en vue c'était l'acquisition de la chose elle-même, de
sa possession utile. Comme le dit excellemment
M. Labbé, un droit de créance est un moyen, non un
but, il ne renferme pas en lui-même la satisfaction

d'un intérêt, il est un acheminement vers le droit de propriété; il ne devient vraiment utile que lorsqu'il s'éteint.

L'acheteur n'atteint donc vraiment son but, le résultat en vue duquel il a contracté n'est réalisé qu'au moment où il est entré en possession de la chose. Il semble donc, en équité, que jusque-là il ne devrait pas supporter les chances de perte fortuite d'une chose qui ne sera peut-être jamais à lui.

D'ailleurs la doctrine romaine peut, dans certaines hypothèses, entraîner logiquement des conséquences iniques.

La vente de la chose d'autrui était à Rome un contrat parfaitement valable; supposons donc une vente ayant pour objet un corps certain n'appartenant pas au vendeur et venant à périr fortuitement : le vendeur se trouvera dispensé de débourser la somme qu'il aurait eu à dépenser pour acquérir la chose, et néanmoins il aura le droit d'exiger de l'acheteur le paiement du prix.

Les auteurs ont imaginé une autre hypothèse, heureusement peu pratique, où les conséquences de la théorie romaine sont encore plus injustes. Une personne a vendu à Primus une chose dont elle était propriétaire. Avant que le contrat soit exécuté le vendeur vient à mourir. Son héritier ignorant le contrat conclu par son auteur vend à nouveau la même chose à Secundus. Ces deux ventes ne pour-

raient sans doute pas s'exécuter simultanément ; mais
si la chose vendue vient à périr par cas fortuit les
deux acheteurs supporteront la perte et l'héritier
pourra toucher un double prix.

. De pareilles injustices expliqueraient peut-être
que Cujas ait embrassé avec ardeur le moyen que lui
offrait le texte équivoque d'Africain de résister à
l'évidence de la doctrine des Institutes (1).

§ 2. — Vente affectée d'une modalité.

1° *Vente sous condition suspensive.*

Dans la pensée des jurisconsultes romains, la condition est un événement futur et incertain auquel la
volonté arbitraire des parties a entendu subordonner l'efficacité d'un acte juridique, c'est la condition
suspensive, ou l'extinction d'un rapport de droit,
c'est la condition résolutoire.

Dans la vente sous condition suspensive, dont nous
traiterons d'abord, les parties marquent donc leur
volonté de faire dépendre, non seulement les effets,
mais l'existence même du contrat de la réalisation
de l'événement *in conditione*. Il en résulte que si, à
leur insu, ce fait était déjà accompli ou ne pouvait
plus s'accomplir, la convention ne serait plus condi-

(1) M. Labbé.

tionnelle, la vente serait traitée comme pure et simple ou réputée non avenue. Telle serait la condition *si Titius consul fuit* ou *si Mævius vicit*. Une semblable condition en effet n'est qu'apparente ; ou le contrat est inexistant si Titius n'a pas été consul, si Mævius est mort ; ou au contraire il se forme immédiatement et son exécution seule est retardée jusqu'à la constatation du fait. Nous en concluons que, si le contrat existe, les risques sont dès la conclusion de la vente à la charge de l'acheteur, alors même que la perte de la chose vendue survient par cas fortuit avant la vérification du fait mis *in conditione* : la vente en effet est parfaite dès le début ; c'est donc l'acheteur qui doit supporter tous les risques.

Plaçons-nous maintenant en présence d'une vente subordonnée à la réalisation d'un événement réellement futur et incertain : Je vends ma maison *si Titius consul factus fuerit* ; un écroulement du sol la renverse *pendente conditione* ; pour qui sera la perte ? Pour résoudre la question des risques, une distinction s'impose.

1° L'événement futur et incertain auquel était subordonné la vente ne se réalise pas : Titius n'est pas nommé consul.

La condition étant venue à défaillir, la vente ne prend pas naissance. Tout se passe comme s'il n'y avait jamais eu de contrat ; c'est le vendeur qui supportera la perte totale ou partielle non pas comme vendeur, puisqu'il n'y a pas de vente, mais en qualité de propriétaire de la chose vendue, de *dominus*; c'est la décision textuelle de Paul (loi 8, pr., Dig., 18, 6). *Quod si sub conditione res venierit, si quidem defecerit conditio, nulla est emptio, sicuti nec stipulatio.*

2° L'événement futur et incertain auquel était subordonné la vente se réalise : Titius est nommé consul.

Écartons tout d'abord une hypothèse où la question des risques ne présente pas de difficulté. La chose vendue périt par cas fortuit après l'accomplissement de la condition : à partir de cette époque l'acheteur court les risques comme dans la vente pure et simple. En effet, dès que la condition est accomplie utilement, l'effet du contrat remonte au jour de sa formation comme si dès le principe il avait été pur et simple. *Quod si conditio exstiterit Proculus et Octavenus emptoris esse periculum aiunt. Idem Pomponius libro nono probat.* Loi 8, pr., Dig., 18, 6.

Mais que décider si la perte de la chose vendue survient pendant que la condition est en suspens ? La fiction de la rétroactivité dont nous venons de faire une application doit-elle encore intervenir et nous dicter la solution ?

Les textes distinguent selon que la perte survenue *pendente conditione* est une perte totale ou une perte partielle.

A. — *La chose vendue périt en totalité avant l'arrivée de la condition.*

Dans ce cas les jurisconsultes romains font peser les risques sur le vendeur. Si la chose vendue périt *pendente conditione* et que plus tard la condition vienne à se réaliser, il n'a pas le droit de réclamer le prix à l'acheteur. *Sane si pendente conditione res perierit, perimitur emptio, sicuti stipulationes et legata conditionalia perimuntur, si pendente conditione res extincta fuerit.* Loi 8, pr. Il est facile de justifier cette décision qui n'est que l'application logique des principes. En effet, la vente sous condition suspensive ne se forme définitivement qu'au moment où la condition s'accomplit ; il faut donc qu'à ce moment précis les éléments constitutifs du contrat subsistent pour que les obligations réciproques des parties puissent coexister.

Si donc on suppose que la chose vendue a péri en totalité par cas fortuit avant l'arrivée de la condition, le contrat ne pourra plus se former lorsque la condition se réalisera, car ses éléments constitutifs ne se rencontreront plus. L'obligation du vendeur ne pourra prendre naissance, faute d'objet, au moment où la condition s'accomplit ; l'obligation réciproque de l'acheteur, ne trouvant plus son corrélatif nécessaire ne prendra pas davantage naissance, faute de cause. Nous sommes en réalité en dehors de tout contrat ; c'est donc le propriétaire de la chose qui doit supporter les risques, autrement dit, le vendeur seul subira la perte.

Ainsi les Romains ont, à bon droit, écarté dans notre hypothèse toute idée de rétroactivité. On aurait pu en effet être tenté de soutenir que, par l'accomplissement de la condition, la formation du contrat de vente se trouve reportée au jour de l'échange des consentements ; qu'une fois la condition réalisée la vente doit être réputée *perfecta* depuis le jour où les parties sont tombées d'accord sur la chose et sur le prix ; que par suite les risques sont supportés par l'acheteur.

Pareil raisonnement aurait été vicieux, car pour que la condition rétroagisse, il faut d'abord qu'elle puisse agir utilement et les Romains considéraient qu'elle ne peut se réaliser utilement si la chose vendue a été anéantie par cas fortuit. Comment aurait-elle pu donner naissance à une obligation qui n'a plus d'objet ? Ils ne mettaient en jeu la fiction de la rétroactivité que pour assurer au contrat une exécution plus pleine, plus sincère, plus conforme à l'intention des parties. Ils la faisaient intervenir ou l'écartaient selon que l'exigeait l'exécution complète, la plus pratiquement utile de l'acte juridique affecté de condition. Or aucun motif de justice ou d'utilité n'a induit et ne devait induire les jurisconsultes romains à faire rétroagir la condition réalisée au point de vue des risques. Ils n'ont pas jugé qu'une

fiction dût avoir la puissance de transporter une
perte fortuite de la tête d'une personne sur la tête
d'une autre ; ils ont pensé qu'une personne ne devait
commencer à courir les risques de la perte d'une
chose que du moment où elle commençait à avoir un
droit certain sur cette chose, droit de propriété ou
tout au moins de créance (1).

B. — *La chose vendue n'a été détruite qu'en par-*
tie, ou a été simplement détériorée avant l'arrivée de
la condition.

Voici dans cette hypothèse la décision de Paul,
loi 8 pr., *in fine* :

Sane si exstet res, licet deterior effecta, potest dici
esse damnum emptoris.

La chose vendue, détériorée *pendente conditione*
n'en subsiste pas moins ; si l'événement auquel est
subordonnée la formation du contrat vient ensuite à
se réaliser la vente trouvera à ce moment un des éléments qui la constituent. Sans doute la chose vendue
n'est plus la même qu'au jour du contrat, mais elle
existe. L'obligation du vendeur rencontre son objet,
elle prend donc naissance et fait naître corrélative-
ment l'obligation de l'acheteur. La condition agissant utilement la fiction de la rétroactivité peut alors
intervenir ; la vente est reportée au jour où les parties ont échangé leurs consentements ; la situation

_____

(1) M. Labbé, *op. cit.*, n⁰ˢ 87 et 88.

respective du vendeur et de l'acheteur est donc réglée comme si, dès l'origine, le contrat avait été pur et simple, avec un terme pour l'exécution. Le préjudice résultant de la perte partielle retombe en conséquence sur l'acheteur ; c'est lui qui supporte le risque puisqu'il ne reçoit qu'une chose détériorée et qu'il n'en demeure pas moins obligé de payer intégralement le prix convenu.

Des auteurs reprenant le soi-disant parallélisme, que nous avons critiqué, entre le *commodum* et le *periculum rei*, déclarent cette solution équitable ; l'acheteur profitant des accessions et améliorations de la chose doit aussi en supporter les détériorations. Ce que nous avons dit précédemment nous fait écarter cette manière de voir. Nous croyons, avec M. Labbé, que la fiction de la rétroactivité aurait dû rester étrangère à la question des risques, car « ni la justice, ni l'utilité ne demandent que les risques de la perte ou totale ou partielle soient transportés de la tête du vendeur, frappé directement par cette perte dans un des éléments de sa fortune, sur la tête de l'acheteur qui n'avait encore acquis aucun droit sur la chose (1) ». Une solution plus équitable et au moins aussi logique aurait été d'appliquer à la perte partielle survenant avant l'arrivée de la condition la règle suivie dans l'hypothèse d'une perte partielle

(1) M. Labbé, *op. cit.*, n° 89.

antérieure à l'accord des volontés dans une vente pure et simple; la chose a-t-elle, *pendente condi- tione*, perdu sa substance, la vente serait nulle ; la chose, quoique détériorée a-t-elle conservé sa subs- tance, la vente se formerait à l'arrivée de la condi- tion, l'acheteur serait tenu d'exécuter le contrat, mais le prix serait diminué dans la mesure de la dé- gradation.

Quoiqu'il en soit, le principe que la perte partielle arrivée *pendente conditione* doit être supportée par l'acheteur était formellement admis à Rome. Mais, prétendent certains auteurs (1) la rigueur de cette décision était tempérée dans la pratique car on au- rait reconnu à l'acheteur le droit de demander la res- cision de la vente pour cause de lésion. Si par suite de la détérioration subie par la chose *pendente con- ditione* sa valeur a baissé de plus de moitié et que plus tard la condition vient à se réaliser, l'acheteur pourra demander la rescision de la vente ; dans ce cas les risques pèseront sur le vendeur qui sera obli- gé de reprendre la chose détériorée et de restituer l'intégralité du prix.

Nous n'admettons pas ce prétendu tempérament. Les textes en effet n'accordent jamais qu'au vendeur seul le droit d'agir en rescision ; ce droit lui est ac- cordé en dérogation aux principes généraux et les

(1) Comp., Maynz, *Droit romain*, t. II, § 215, p. 230 et note 10.

exceptions doivent toujours être interprétées restrictivement. D'ailleurs les motifs qui ont fait introduire en faveur du vendeur le droit de demander la
rescision ne se rencontrent plus quand il s'agit de
l'acheteur; en effet c'est le plus souvent sous l'empire d'une nécessité urgente que le vendeur a dû se
résigner à une aliénation si défavorable, l'acheteur
qui a spéculé sur l'état de gène du vendeur est bien
peu digne d'intérêt. Mais si l'on est parfois obligé
de vendre à n'importe quel prix, on n'est jamais
obligé d'acheter ; il n'y a donc aucune raison de faire
fléchir en faveur de l'acheteur le principe de l'irrévocabilité des conventions.

De la vente sous condition suspensive les textes
rapprochent la vente faite au poids, au compte ou à
la mesure (loi 35, § 5, Dig., 18, 1). En effet, avant
qu'on ait pesé, compté ou mesuré on ne peut dire
qu'il y ait vente parce que l'un des deux éléments
du contrat, ou le prix, ou la chose reste indéterminé ; ces ventes sont donc bien en quelque sorte conditionnelles ; aussi les risques restent-ils à la charge
du vendeur tant que l'opération du mesurage n'a pas
eu lieu.

Mais à la différence de ce qui a lieu dans la vente
sous condition suspensive les textes ne font pas supporter à l'acheteur la perte partielle ou la simple détérioration. Les lois 35, § 7, Dig., 18, 1, et 5, 18,
6, mettent à la charge du vendeur *omne periculum*

et la loi 2, Code, liv. 4, 48, déclare expressément
que la perte totale ou partielle n'est subie par l'acheteur que s'il est en demeure de faire mesurer la
chose vendue : entre autres hypothèses, ce texte suppose une vente de vin à un prix fixé pour chaque
amphore. Si le vin vient à tourner avant d'être livré,
l'acheteur, s'il n'a pas mis de retard à faire procéder
au mesurage, ne supportera pas le risque, car la
vente est imparfaite.

Quel est donc le motif de la différence existant à
ce point de vue entre les ventes de choses *quæ pondere, numero, mensurare constant* et les autres
ventes conditionnelles ? Voici l'explication de Doneau (1) : « Quand une *certa species* est vendue et
qu'elle est détériorée, on peut dire sans erreur que ce
dommage atteint la chose vendue, de telle sorte que,
s'il se produit *post perfectam emptionem* (et cela a
lieu si la condition se-réalise) l'acheteur la supportera en vertu des principes. Mais, lorsqu'une chose
est vendue *ad mensuram*, non seulement elle est
vendue sous la condition du mesurage, elle est de plus
incertaine tant que cette opération n'a pas eu lieu,
or on ne conçoit pas un dommage qui puisse atteindre un objet indéterminé ; il faut en effet que la chose
soit d'abord certaine pour qu'on puisse parler d'un
dommage se produisant à son endroit ».

(1) Doneau, *Comment. in Cod. ad tit.* 48, liv. 4, t. VIII, p. 991
et 1002.

Remarquons en terminant que la vente des choses *quæ pondere, numero, mensurare constant* peut être une vente pure et simple. Ce cas particulier se rencontre lorsque des choses fongibles sont vendues en bloc, pour un prix unique et déterminé. C'est ce qu'on appelle la vente *per aversionem*. Je vous vends un tas de blé déterminé pour un prix unique ; nous sommes en réalité en présence d'une vente pure et simple, parfaite par le seul consentement des parties, indépendamment de toute délivrance ou désignation quelconque. Les risques sont donc à la charge de l'acheteur (lois 35, § 5, 62, § 2, Dig., 18, 1).

2° *Vente sous condition résolutoire.*

Lorsqu'une vente est conclue sous condition résolutoire, elle est affectée quant à son maintien définitif de la même incertitude qu'au cas de condition suspensive. Mais ici, par la volonté des parties, la vente est traitée provisoirement comme si elle était pure et simple, l'exécution même des obligations n'est pas suspendue *pendente conditione*. C'est la résolution seule qui dépend de la condition.

Dès lors, si la vente sous condition résolutoire est parfaite dès que le consentement des parties est intervenu, nous en conclurons que les risques sont dès cet instant supportés par l'acheteur conformément au principe *emptione perfecta, periculum rei venditur ad emptorem pertinet.*

Cette solution ne fait point de doute dans le cas où finalement, la condition résolutoire ne s'accomplissant pas, le contrat se trouve maintenu d'une manière définitive. La défaillance de la condition résolutoire fait que la vente demeure irrévocablement pure et simple ; par suite c'est bien l'acheteur qui doit supporter tous les risques. Qu'importe en effet que l'objet vendu n'existe plus à l'époque où il y a certitude acquise que la vente ne sera pas résolue ?

Mais que décider si l'événement qui doit entraîner la résolution de la vente s'accomplit ?

Pas de difficulté s'il s'agit d'une perte partielle. Tous les auteurs sont d'accord pour faire supporter les risques par le vendeur. En effet, au moment où la chose a été détériorée, la vente subsistait encore. Si, par conséquent, la condition résolutoire vient à se produire, elle trouve une convention à résoudre. Son effet est alors de replacer les parties dans la même situation que si elles n'avaient jamais contracté ; le vendeur ne peut que réclamer la chose vendue dans l'état où elle se trouve, il supporte les détériorations qu'elle a pu subir *pendente conditione.*

Faut-il donner la même solution lorsque la chose vendue vient à périr en totalité par cas fortuit, entre l'exécution du contrat et sa résolution ? Une sérieuse controverse divise sur ce point les interprètes du droit romain.

La majorité des auteurs met en cas de perte

totale les risques à la charge de l'acheteur. Ils raisonnent ainsi : quand la vente est faite sous condition résolutoire, la position respective des parties est précisément l'inverse de ce qu'elle serait si la vente était faite sous condition suspensive ; c'est alors le vendeur qui se trouve créancier sous condition suspensive de la chose vendue, l'acheteur qui en devient débiteur sous la même condition. Il y a une revente dans laquelle l'acheteur sous condition résolutoire joue le rôle de vendeur sous condition suspensive; or, en cas de perte totale, c'est le vendeur sous condition suspensive qui supporte les risques. De plus, ajoutent-ils, en cas de perte totale survenue *pendente conditione* la résolution ne peut pas plus prendre naissance que la vente elle-même dans le cas de vente sous condition suspensive.

Notre savant maître M. Bufnoir a ruiné ces considérations en démontrant l'inexactitude de l'idée fondamentale d'où elles sont déduites.

La résolution du contrat n'est nullement une revente. Lorsqu'une vente sous condition résolutoire a été conclue, la survenance de la condition ne place pas les parties dans la même situation que si elles étaient en présence d'une vente inverse sous condition suspensive, elle les place dans la même situation que s'il n'y avait pas eu de contrat du tout. La condition résolutoire s'accomplissant, on peut dire qu'il n'y a jamais eu contrat ; les contractants doivent

6

donc être remis par l'arrivée de la condition dans
l'état où ils seraient s'ils n'avaient pas contracté,
autrement dit c'est le vendeur qui doit supporter la
perte, comme il l'aurait supportée s'il n'y avait pas
eu de contrat.

C'est d'ailleurs encore une erreur de soutenir que
la résolution ne peut pas prendre naissance si la
chose vendue n'existe plus à l'arrivée de la condition
résolutoire, puisque la résolution d'un contrat n'est
nullement la formation d'un contrat en sens inverse
du premier. S'il faut un objet pour que la vente
puisse se former, il n'est nullement nécessaire que
cet objet existe encore pour que les parties soient
remises par l'effet de la condition résolutoire dans la
situation où elles seraient si elles n'avaient pas contracté.

« En deux mots, conclut M. Bufnoir, comme il ne
s'agit pas de former un contrat, l'effet de la condition
résolutoire se produit malgré la perte de la chose
vendue, et, par suite, le vendeur est sans droit pour
exiger ou pour conserver le prix ».

Ce raisonnement nous semble décisif, mais il nous
reste à examiner si la solution à laquelle il nous
conduit trouve un appui dans les textes, peu nombreux d'ailleurs, consacrés à notre matière.

Le Digeste prévoit trois hypothèses différentes :
une vente avec pacte d'*addictio in diem*, une vente
cum lege commissoria et enfin une vente avec la
clause *nisi emptori displicuerit.*

L'*in diem addictio* était un pacte par lequel le vendeur convenait qu'au cas où une offre plus avantageuse viendrait à lui être faite dans un certain délai il aurait le droit de reprendre la chose à l'acheteur. Si telle est la volonté des parties, l'*in diem addictio* peut ne constituer qu'une simple condition suspensive, ou au contraire la vente peut être traitée immédiatement comme pure et simple mais résoluble sous condition. Ceci posé, Ulpien (loi 2, § 1, Dig., 18, 2) supposant une vente avec pacte d'*in diem addictio* formant condition résolutoire rend la décision suivante : *Ubi igitur secundum quod distinximus, pura venditio est, Julianus scribit, hunc cui res in diem addicta est..... et periculum ad eum pertinere, si res interierit,* et Paul dans la loi 3 nous donne le motif de cette solution : *quoniam post interitum rei jam nec afferi possit melior conditio.* Ainsi, dans cette hypothèse, la chose vendue venant à périr par cas fortuit avant que des offres aient été faites au vendeur, les conséquences de la perte seront supportées par l'acheteur. Pour quel motif? c'est parce que dans ce cas particulier la perte de la chose rend impossible l'accomplissement de la condition, c'est-à-dire que personne n'offrira un prix supérieur. La règle établie n'est donc pas générale et nous sommes en droit de conclure par *a contrario* du texte de Paul que, dans tous les cas où la condition pourra se réaliser nonobstant la perte totale de la chose, les risques seront supportés par le vendeur.

Un texte de Pomponius relatif à la *lex commisso-ria* confirme cette manière de voir ; c'est la loi 2, Dig., 18, 3. *Quum venditor fundi in lege ita care-rit : si ad diem pecunia soluta non sit, ut fundus in-emptus sit, si venditor inemptum eum esse velit, quia id venditoris causa caveretur ; nam si aliter accipe-retur, exusta villa in potestate emptoris futurum, ut non dando pecuniam inemptum faceret fundum, qui ejus periculo fuisset.* Le principal objet de ce texte est d'établir que la *lex commissoria* est une clause exclusivement dans l'intérêt du vendeur et de lui permettre, malgré cette clause, de poursuivre le paiement du prix. Le jurisconsulte veut éviter que l'acheteur soit le maitre, suivant son intérêt, de faire arriver la condition résolutoire ou au contraire d'en empêcher la réalisation. Or, si la chose vendue venait à périr par cas fortuit, il ne manquerait pas de ne pas payer son prix, et d'obliger ainsi le ven-deur à invoquer la *lex commissoria*. C'est ce que Pomponius a soin de faire remarquer : une solution différente de la sienne, dit-il, aurait pour résultat de permettre à l'acheteur de procurer la résolution de la vente et de rejeter ainsi sur le vendeur, en cas de perte de la chose, le risque qu'il doit supporter comme acheteur. C'est donc, pouvons-nous con-clure, que, si la résolution avait eu lieu de plein droit, la perte aurait été pour le vendeur.

On a essayé d'affaiblir cet argument en préten-

dant que la décision de Pomponius doit être restreinte à l'hypothèse d'une perte partielle, et dans
cette hypothèse tout le monde est d'accord pour faire
peser les risques sur le vendeur. Il s'agit, a-t-on dit,
de la vente d'un *fundus* et la perte consiste dans
l'incendie de bâtiments qui ne sont que l'accessoire
de la propriété vendue, *exusta villa*. Nous répondrons
que les derniers mots du texte précisent bien qu'il
s'agit du risque de la chose vendue tout entière :
fundum qui ejus periculo fuisset. D'ailleurs la loi 211
Dig., 50, 16, donne du mot *fundus* la définition la
plus large : *fundi appellatione omne ædificium et
omnis ager continetur*.

Il nous reste à discuter un texte qui, à première
vue, semble favorable à l'opinion que nous combattons. C'est la loi 20, Dig., 19, 5. Dans ce fragment,
Ulpien suppose une vente conclue avec un *pactum
displicentiæ* ; nous savons que l'acheteur aura ainsi
le droit de tenir la vente pour non avenue si la chose
cesse de lui convenir dans un certain délai.

La chose vendue vient à périr par cas fortuit *intra
dies experimenti*, et le jurisconsulte, rapportant l'o-
pinion de Méla, décide que les risques seront pour
l'acheteur ; il ne pourra plus invoquer la clause *nisi
displacuerit*, il devra payer le prix. Sans doute si ce
fragment devait être généralisé il en résulterait que
dans tous les cas la chose vendue sous condition résolutoire devrait, dans l'hypothèse d'une perte to-

tale, être aux risques de l'acheteur : mais sans entrer
dans les difficultés d'interprétation des termes mêmes
du texte d'Ulpien, nous remarquerons, avec M. Bufnoir que, « bien que l'acheteur *ad comprobationem*
soit absolument libre de se dédire, l'intention des
parties a été que ce dédit fût inspiré uniquement par
l'appréciation du mérite de la chose vendue. On doit
donc reconnaître que, *post interitum rei*, la condition
résolutoire dont il s'agit ne peut plus s'accomplir
conformément à l'intention des contractants. L'a-
cheteur supporte le risque parce que, comme dans
l'*in diem addictio*, mais d'une autre façon, la perte
de la chose empêche l'accomplissement de la condition ». Ulpien statue donc en réalité dans un cas
particulier et sa décision n'est pas en contradiction
avec notre théorie.

Faisons observer en terminant qu'alors même que,
par suite d'un cas fortuit, le vendeur est libéré de
son obligation, il n'en reste pas moins tenu de céder
à l'acheteur l'action qu'il peut avoir à l'occasion de
la perte de la chose vendue, par exemple l'action de
la *loi Aquilia*, l'*actio furti* si la chose vendue a été
détruite ou volée entre ses mains.

CHAPITRE II

RISQUES DANS LE LOUAGE.

Le louage est un contrat par lequel une partie s'engage envers une autre soit à lui procurer la jouissance d'une chose, soit à lui rendre certains services moyennant un prix.

On distinguait plusieurs variétés de louage qu'on peut ramener à deux types principaux : 1° le louage de choses, *locatio conductio rerum* ; 2° le louage d'industrie qui se subdivise en deux variétés distinctes : le louage de services *locatio conductio operarum* et le louage d'ouvrage *locatio conductio operis faciendi*.

Nous devons examiner comment la question des risques était résolue dans chacun de ces contrats.

§ 1. — Locatio conductio rerum.

Remarquons tout d'abord que la seule question qui se pose ici est celle de savoir si, la chose louée ayant péri par cas fortuit entre les mains du locataire (*conductor*) avant l'expiration du temps fixé pour la location, le locataire est néanmoins tenu de payer le loyer jusqu'à la fin du bail. Il est conforme en effet aux règles générales que, d'une part, le locataire débiteur d'une *species certa*, l'objet loué, soit libéré de son obligation de restituer, et que le bailleur ne lui doive aucune indemnité pour la perte qu'il a pu éprouver, par exemple en raison de la destruction des meubles garnissant les lieux loués. La question que nous avons à résoudre est donc de savoir si le locataire continuera à payer un loyer quoique n'ayant plus la jouissance de la chose louée.

Cette question nous remet en présence du texte d'Africain qui a fait naitre au sujet de la question des risques dans la vente une si grande controverse (loi 33, § 1, Dig., 19, 2). *Si fundus quem mihi lo-caveris, publicatus sit, teneri te actione ex conducto, ut mihi frui liceat, quamvis per te non stet quominus id præstes: quemadmodum, inquit, si insulam ædi-ficandam locasses et solum corruisset, nihilominus teneberis.*

Un fonds a été loué, puis il est frappé de confis-cation, sans qu'aucune faute soit imputable au bail-leur; la jouissance du locataire cesse, le bailleur de-meure tenu par l'action *ex conducto* à restituer la fraction du loyer correspondant à la jouissance dont le locataire est privé dans le cas où le loyer a été payé d'avance; dans le cas contraire, le bailleur perd à dater de ce jour le droit d'exiger les loyers correspondant à une jouissance qu'il ne peut plus

procurer au locataire ; autrement dit, et à la différence
de çe qui se passe dans la vente, les risques de la
chose sont, en définitive, pour le locateur. De nombreux textes confirment cette règle (loi 9, § 1, loi 19,
§ 6, Dig., 19, 2) ; dans ce dernier texte notamment
Ulpien suppose qu'une maison a été louée pour une
année et le loyer payé d'avance ; au bout de six mois
la maison s'écroule ou est détruite par un incendie,
pensionem residui temporis, rectissime Mela scripsit,
ex conducto actione repetiturum.

La règle est donc certaine, mais comment expliquer cette différence avec la vente ?

Pothier en donne la raison suivante : « Le louage
s'analyse en une espèce de contrat de vente des fruits
futurs ou de l'usage futur de la chose louée, dont le
loyer est le prix. Or, de même que la vente des fruits
futurs n'est valable et que le prix n'en est dû qu'autant que ces fruits naîtront et seront par leur existence la matière du contrat, on doit pareillement
décider qu'il ne peut être dû de loyer, lorsque le
conducteur n'a pu avoir aucune jouissance ni usage
dont ce loyer soit le prix ».

On peut également expliquer la différence existant entre la vente et le louage au point de vue des
risques, par la nature spéciale de ces deux contrats.
La vente est un contrat en quelque sorte instantané,
dont les effets peuvent se produire en un instant de
raison. A la simple condition que la chose vendue

existe, lors du contrat, l'obligation de l'acheteur a
une cause et naît immédiatement ; il suffit que le
vendeur ait été un instant obligé de procurer la
chose à l'acheteur pour que celui-ci soit tenu de
payer le prix. Si la chose vendue vient à périr, la
cause de l'obligation de l'acheteur n'en a pas moins
existé, il demeure donc obligé. Le louage au contraire
est un contrat successif, destiné à produire des effets
qui se prolongeront et se renouvelleront ; il ne suffit
donc plus, pour que le locataire demeure tenu de
payer les loyers, qu'à un moment donné le locateur
ait été obligé de le faire jouir de la chose : il faut
que cette jouissance se continue pendant le temps
convenu ; de même que l'obligation du bailleur, l'o-
bligation du locataire a un caractère successif ; il ne
doit les loyers qu'en raison et en proportion de la
jouissance procurée (v. loi 9, § 1, Dig., 19, 2).

Ces considérations sur la nature du contrat de
louage nous expliquent les décisions de la loi romaine
en ce qui concerne les risques en matière de louage.

C'est pour les mêmes motifs que le fermier aura
droit d'obtenir une réduction de fermage, en cas de
sinistre résultant d'un événement en dehors de la
volonté des parties et qui lui cause un dommage
considérable en lui enlevant des fruits non encore
perçus.

§ 2. — Louage d'industrie.

1° *Locatio conductio operarum.*

Dans ce genre de louage, le *conductor* donne ses services à loyer ; la prestation consiste dans une suite de services, *operæ*, qu'il s'engage à accomplir au profit du *locator*.

La question des risques peut se poser dans les termes suivants : si par une circonstance fortuite le maître ne peut utiliser la partie qui lui a loué ses services, doit-il néanmoins le loyer convenu ? L'affirmative ne fait pas de doute : le domestique ou l'ouvrier qui, ayant loué ses services, est resté à la disposition du maître, a droit au salaire stipulé, même si le maître par une circonstance fortuite ne peut l'employer. *Qui operas suas locavit, totius temporis mercedem accipere debet, si per eum non stetit quominus operas præstet* (loi 38, Dig., 19, 2). Toutefois, les interprètes ne sont pas d'accord sur la portée à donner à la dernière phrase de ce texte de Paul ; doit-on entendre cette expression *si per eum non stetit quominus operas præstet* de toutes les hypothèses de cas fortuit, même d'une maladie de l'ouvrier ou du domestique ; doit-on, au contraire, la restreindre aux empêchements fortuits mais provenant d'une cause étrangère à la personne qui a loué ses services? Le doute est permis, car il est vrai de dire de celui qui est empêché par la maladie qu'il n'a pas dépendu de lui de rendre les services promis. Toutefois, étant donné que la perte de la chose due, survenant par le fait du débiteur et sans aucune faute de sa part, ne le libère pas, nous pensons que, par analogie, le serviteur qui, pour une cause fortuite mais personnelle, ne pourrait exécuter son obligation n'aurait pas droit au loyer convenu.

Ce que nous avons dit du louage de services s'applique au cas où, à raison du caractère libéral de sa profession, l'homme qui promet ses services est considéré *honoris causa* comme un mandataire; ainsi l'avocat ne serait pas tenu de rendre les honoraires qu'il a touchés, si une circonstance fortuite, étrangère à sa personne, l'empêchait de plaider. *Advocati quoque, si per eos non steterit quominus causam agant, honoraria reddere non debent* (loi 38, § 1, Dig., 19, 2).

Si les travaux n'avaient pu s'exécuter par suite d'un événement personnel au *locator*, celui-ci ne serait pas libéré et continuerait à devoir le loyer.

2° Locatio conductio operis faciendi.

Le louage d'ouvrage a pour objet l'exécution d'un ouvrage déterminé. Si l'ouvrier fournit la matière qu'il s'oblige à façonner nous sommes en présence d'une de ces hypothèses où, d'après les Institutes, il y a doute sur le point de savoir s'il y a louage ou s'il y a vente (Inst., § 4, III, 24). L'opinion qui prévalut est qu'il y avait vente. Nous laissons donc de côté cette hypothèse.

Supposons que la matière, tout au moins la matière principale de l'ouvrage, soit fournie par celui pour le compte duquel l'ouvrage sera exécuté. L'ouvrier se met à l'œuvre, puis son travail est détruit par cas fortuit. Il est évident qu'il ne sera pas plus obligé de le recommencer qu'il ne sera tenu de payer des dommages-intérêts. Mais pourra-t-il, malgré la perte de la chose à laquelle il travaillait, réclamer son salaire ; autrement dit, les risques seront-ils pour lui ou pour le *locator operis* (1) ?

Nous distinguerons selon que l'ouvrage entrepris ne doit être livré et reçu qu'après son entier achèvement, *opus aversione locatum est*, ou qu'au contraire il a été convenu que l'ouvrage serait examiné et reçu par fractions. Dans ce dernier cas, dès qu'une fraction de l'ouvrage a été approuvée par le maître, le prix de cette fraction est acquis à l'ouvrier, et une perte fortuite survenant ultérieurement ne pèserait pas sur lui : le salaire est pour ainsi dire acquis à l'ouvrier au fur et à mesure qu'une fraction de la chose est acceptée.

(1) Rappelons que dans la *locatio operis* les dénominations des parties sont transposées. Le *locator* est d'ordinaire celui à qui est due la *merces* ; ici c'est le *locator* qui doit le salaire.

Supposons maintenant le cas où l'œuvre entreprise ne doit être livrée qu'après entier achèvement. Un texte de Florentinus (loi 36, Dig., 19, 2) nous expose la théorie admise : *opus quod aversione locatum est, donec adprobetur, conductoris periculo est.* Il semblerait au premier abord, d'après ce texte, que tant que l'œuvre n'a pas été livrée et acceptée elle demeure aux risques et périls de l'ouvrier, et que si elle vient en conséquence à périr par cas fortuit, il ne pourra réclamer ni son salaire, ni le prix des matériaux fournis par lui, tandis que si le *locator* a été mis en demeure de recevoir l'ouvrage, la perte fortuite sera au contraire à sa charge.

En principe l'ouvrier travaille à ses risques et périls jusqu'à l'acceptation par le maitre soit de la totalité, soit d'une fraction de son ouvrage. Mais les conséquences de la perte fortuite de la chose travaillée cessent de peser sur lui et retombent sur le maitre, d'une part lorsque ce dernier a été mis en demeure de recevoir le travail en tout ou en partie, d'autre part lorsque l'ouvrier est en mesure de prouver que la destruction provient d'une cause de force majeure et nullement d'un vice dans l'accomplissement de l'ouvrage.

Cette interprétation est confirmée par un passage de la célèbre loi 33 d'Africain : *si insulam ædificandam locasses, et solum corruisset, nihilominus teneberis.* Toutefois le maitre demeure, bien entendu, au-

torisé à faire la preuve que l'ouvrage qui a péri par
cas fortuit avant sa réception était mal exécuté, ne
réunissait pas les qualités nécessaires pour être reçu.
Si le maître fait cette preuve, il n'a plus à payer le
prix convenu : la perte pèse définitivement sur l'ouvrier (loi 37, Dig., 19, 2).

Cependant une semblable interprétation serait en
contradiction avec la fin du texte qui s'exprime
ainsi : *Si tamen vi majore opus prius interciderit,
quam adprobaretur, locatoris periculo est : nisi aliud
actum sit : non enim amplius praestari locatori opor-
teat, quam quod sua cura atque opera consecutus
esset,* et qui met les risques à la charge du *locator*
lorsqu'avant la livraison et la réception l'ouvrage
a péri par force majeure, parce qu'en définitive le
maître ne peut exiger de l'ouvrier, dans l'exécution
du travail, que les soins et l'habileté réclamés par
sa profession.

La première partie du texte ne met donc point les
risques à la charge du *conductor*, mais elle indique
que, devant apporter tous ses soins à l'œuvre qu'il a
entreprise, ce sera à lui à prouver le cas fortuit pour
obtenir, malgré la destruction de l'ouvrage, son salaire et le prix des matériaux qu'il a employés.

En résumé « ce n'est pas dans un sens absolu que
les risques de l'ouvrage qui n'a pas encore été reçu
et agréé regardent l'ouvrier. Cette charge lui incombe par l'effet d'une présomption qui admet la

preuve contraire, ou par l'effet d'une incertitude que des preuves directes peuvent dissiper (1) ».

Il ne faudrait pas croire d'ailleurs que dans le louage d'ouvrage le salaire soit dû proportionnellement au degré d'avancement du travail exécuté antérieurement à la perte. Généralement, à moins d'une convention expresse, le travail à exécuter constitue dans l'intention des parties un tout indivisible. Si la perte fortuite survient antérieurement à l'achèvement de l'ouvrage, le maître n'en retire aucun profit et par suite l'ouvrier n'a droit à aucun salaire. C'est la solution formelle d'Ulpien (loi 15, § 6, Dig., 19, 2). Le jurisconsulte suppose qu'un transport par mer a été entrepris ; le navire périt fortuitement pendant la traversée après avoir effectué peut-être la plus grande partie du voyage : l'armateur n'a droit à aucune fraction du prix convenu, et si le fret a été payé d'avance il doit être restitué ; il est facile de comprendre en effet qu'un voyage inachevé ne peut procurer aucune espèce d'avantage à celui pour le compte de qui il était effectué, et le jurisconsulte ajoute : *quod in omnibus personis similiter observandum est.*

Mais le motif même de la décision d'Ulpien doit en restreindre la portée. Dans tous les cas où le *locator* pourra tirer quelque profit de l'exécution par-

---

(1) M. Labbé, *op. cit.*

tielle il devra payer une fraction correspondante du prix ; c'est ce qui semble bien résulter du fragment suivant de Javolenus (loi 59, Dig., 19, 2) :

Marcius domum faciendam a Flacco conduxerat ; deinde, operis parte effecta, terræ motu concussum erat ædificium : Massurius Sabinus, si ci naturali, veluti terræ motu, hoc acciderit, Flacci esse periculum. Dans cette hypothèse, sans doute Flaccus avait bien traité avec Marcius pour la construction d'une maison, c'est-à-dire d'un tout indivisible : mais on considère que le propriétaire s'enrichit au fur et à mesure que des matériaux sont placés sur son sol ; les travaux de l'ouvrier ont mis dans son patrimoine une plus-value ; il doit donc payer une fraction du prix convenu proportionnelle à ce qui a été exécuté.

Appendice. — Bail emphytéotique.

Le bail emphytéotique est la convention qui par son exécution donne naissance au droit réel d'emphytéose : en vertu de ce droit, une personne peut jouir d'un fonds à perpétuité ou à long terme, et de la manière la plus étendue, moyennant une rente à payer au propriétaire. Ce contrat est un de ceux que l'on peut rapprocher de la vente ou du louage. Il présente en effet avec ces deux contrats de grandes affinités et c'était une question controversée que celle de savoir s'il devait être assimilé plus particulièrement à une vente ou à un louage (Inst., § 3, III, 21). Sans doute le contrat d'emphytéose présentait avec le louage de grandes analogies, car d'une part l'emphytéote ne devenait pas propriétaire, d'autre part son obligation consistait non dans le paiement d'un prix unique, mais dans une série de prestations successives. Toutefois la perpétuité du droit de l'emphytéote, son caractère de droit réel, pouvaient également faire assimiler le contrat à une vente.

La solution adoptée présentait son intérêt principal au point de vue des risques. En effet l'emphytéose était-elle un louage, si la chose venait à périr par cas fortuit c'est le propriétaire qui supportait la perte ou la détérioration, l'emphytéote cessait d'être tenu, était-ce au contraire une vente ; les risques devaient peser sur l'emphytéote, malgré le cas fortuit il demeurait tenu de payer la redevance ou canon emphytéotique.

La rigueur de cette dernière solution devait empêcher d'assimiler l'emphytéose à une vente, aussi Gaius (III, § 145) constate-t-il que l'opinion dominante de son temps était de voir dans l'emphytéose un véritable louage : *magis placuit locationem conductionemque esse.* Toutefois la discussion se prolongea jusque vers la fin du Vᵉ siècle. A cette époque seulement, l'empereur Zénon la trancha définitivement en faisant de l'emphytéose un contrat à part (Loi 1, Code, IV, 66).

Mais on retrouve la trace de la controverse qui avait divisé les jurisconsultes dans la solution que Zénon donna à la question des risques. Ce prince établit en effet une distinction suivant que le fonds avait péri en totalité ou en partie. S'agit-il d'une perte totale, c'est le propriétaire qui supporte la perte, il ne pourra plus exiger le canon ; le fonds ne subit-il qu'une perte partielle, elle frappera l'emphytéote qui ne pourra obtenir de remise de sa redevance.

Ainsi, suivant l'importance de la perte fortuite, Zénon, bien que faisant de l'emphytéose un contrat à part, la traite au point de vue des risques tantôt comme un louage et tantôt comme une vente.

CHAPITRE III

RISQUES DANS LA SOCIÉTÉ.

La société est un contrat par lequel plusieurs personnes s'engagent à mettre en commun certains biens pour les exploiter ensemble et se partager entre elles les bénéfices de l'entreprise.

Un associé a fait promesse d'apporter à la société un corps certain ; ce corps certain vient à périr par cas fortuit ; il n'est pas douteux que l'associé se trouve libéré de son obligation d'apport. Si nous supposons maintenant que l'objet mis en commun par tel associé vienne à périr par cas fortuit après réalisation de l'apport, il n'est pas moins certain que les cas fortuits ne regardent plus l'associé, que son apport soit une *certa species*, ou une chose de genre.

Mais la société est un contrat synallagmatique, et la question se pose de savoir qui supportera en définitive les risques de l'apport : est-ce la société, en ce sens que, nonobstant la perte de l'apport d'un des associés, cet associé conservera sa part dans le fonds social et dans les bénéfices ; est-ce au contraire l'associé qui, ne réalisant plus d'apport, sera exclu de la société dont il entrainera la dissolution ?

Nous distinguerons selon que l'associé a promis l'apport d'un corps certain ou d'une chose de genre. Ces deux hypothèses sont prévues par Ulpien dans la loi 58, pr. et § 1, Dig., 17, 2. Deux personnes ayant l'une trois chevaux, l'autre un seul, forment une société dans le but de réunir ces chevaux, d'en faire un quadrige, et l'ayant vendu de s'en partager le prix dans la proportion de leur apport. Avant la vente du quadrige, le cheval de l'associé qui n'en avait qu'un meurt ; d'après Celsus, dont Ulpien rapporte l'opinion, la société est dissoute et l'associé n'a droit à aucune portion du prix de vente des trois autres chevaux ; c'est donc l'associé qui supporte les risques. Mais il faut avoir soin de remarquer le motif donné par Ulpien pour justifier cette solution : *non enim habendæ quadrigæ, sed vendendæ coitam societatem.* Il s'agit donc d'une solution d'espèce ; à proprement parler les parties n'avaient pas mis le quadrige en commun, elles n'avaient pas promis une dation, une translation de propriété ; elles s'étaient engagées à un simple fait, réunir les quatre chevaux en quadrige pour en tirer un prix plus avantageux. Voilà pourquoi l'associé dont l'unique cheval est mort avant la vente supporte exclusivement les risques. Aussi, la perte laisserait-elle subsister la société et serait-elle supportée par elle si les parties avaient fait une véritable société, si elles avaient eu l'intention de rendre les quatre chevaux

communs entre elles. Dans ce cas, l'associé, malgré
la perte de son apport, conserve sa part dans les bénéfices : la perte fortuite survenue après la formation du contrat, même avant la tradition ou la
communicatio, est à la charge de la société : *cæterum,
si id actum dicatur ut quadriga fieret, eaque commu-
nicaretur, tuque in ea tres partes haberes, ego quar-
tam, non dubie adhuc socii sumus*, et cette solution
se justifie facilement si l'on remarque que la société,
contrat consensuel, est parfaite du jour où les parties se sont mises d'accord et indépendamment de la
réalisation de l'apport promis.

Ceci n'est vrai, bien entendu, que s'il s'agit d'un
apport en propriété. Dans cette hypothèse, l'associé
qui s'est engagé à remettre à la société un bien de
telle façon qu'elle en retire toute l'utilité qu'il comporte, a contracté une obligation analogue à celle
d'un vendeur.

Mais l'apport peut être aussi seulement en jouissance ; l'associé peut s'engager, non plus à transférer
la propriété de sa chose à la société, mais uniquement à l'en faire jouir. Dès lors son obligation revêt
le même caractère successif que celle du locateur.
Si la chose vient à périr par cas fortuit, il ne peut
plus procurer à la société la jouissance promise ;
sans doute il se trouve libéré pour l'avenir de son
obligation d'apport et il ne doit pas de dommages-
intérêts, mais il ne peut plus prétendre à sa part

dans les bénéfices ; la société est dissoute, l'associé supporte définitivement la perte. Avec l'apport en jouissance il faut avoir soin d'ailleurs de ne pas confondre l'apport en usufruit qui ne présente plus un caractère successif mais que l'associé réalise immédiatement et qui est traité, au point de vue des risques, comme un apport en pleine propriété.

L'apport de l'associé peut avoir pour objet non plus une *certa species*, mais une chose de genre ; Ulpien prévoit également cette hypothèse dans le paragraphe 1er de la loi 58 *pro socio*. Des associés se sont promis l'apport de sommes d'argent pour acheter des marchandises : l'argent de l'un des associés est perdu ; pour qui sera la perte ? Ulpien, rapportant l'opinion de Celsus, résout la question par une distinction : l'argent vient-il à périr par cas fortuit après la mise en commun, *post collationem*, la perte est supportée par tous les associés, et le jurisconsulte cite comme exemple le cas où cet argent aurait été transporté à l'étranger pour acheter des marchandises et aurait été perdu en route ; la perte survient-elle au contraire avant la mise en commun, *ante collationem*, elle pèse uniquement sur l'associé ; peu importe qu'il ait ou non affecté, antérieurement à la perte, la somme perdue à la réalisation de son apport : remarquons d'ailleurs que notre question ne se pose que si cette affectation a eu lieu, et Ulpien a soin de le noter, *posteaquam eam destinasses*. L'associé, nonobstant cette destination, n'en reste pas moins débiteur d'une chose de genre, la perte ne peut donc le libérer, c'est sur lui que pèsent les risques.

Ainsi, lorsque l'objet de l'apport est une *certa species*, une fois le contrat formé les risques commencent à regarder la société, indépendamment de toute tradition : s'il s'agit au contraire d'une obligation de genre, ce n'est qu'à la suite de la tradition faite à la société que cette dernière supporte les conséquences d'une perte fortuite ; la simple affectation faite par le débiteur, avant toute tradition, ne suffit pas à déplacer les risques.

Il se pose, en matière de société, une question analogue à celle que nous avons examinée à propos du mandat. L'associé, en gérant une affaire pour le compte de la société, a éprouvé une perte par cas fortuit. A-t-il un recours contre ses coassociés pour qu'ils participent à cette perte ? Doit-il au contraire la supporter exclusivement ?

Il faut, pour résoudre la question, recourir à la distinction que nous avons posée précédemment. Tout dépend du point de savoir si la perte se trouve dans un rapport nécessaire avec la gestion des intérêts sociaux, car, à moins de supposer une société de biens universelle, on ne peut songer à faire supporter à la société une perte quelconque survenue à l'associé.

Un texte d'Ulpien (loi 52, § 4, Dig., 17, 2) confirme cette solution. Le jurisconsulte suppose deux marchands qui se sont associés pour faire le commerce de sayons, *sagaria negotiatio* : l'un d'eux part en voyage pour acheter de la marchandise : il est attaqué par des voleurs, son argent est pris, ses esclaves sont blessés et ses propres objets enlevés. Ulpien, rapportant pour l'adopter l'opinion de Julien, décide que la perte sera commune. La société supportera pour moitié la perte non seulement de l'argent, mais encore des objets que le marchand avait emportés avec lui : cela, parce que le marchand n'aurait pas été victime de ce vol, s'il n'était pas parti acheter des marchandises pour le compte de la société.

En résumé, la perte sera supportée par tous les associés lorsqu'elle présentera une connexité évidente avec la gestion de la société ; dans le cas contraire, elle demeurera propre à l'associé qui la subit.

CHAPITRE IV

Rappelons en quelques mots qu'un principe du droit romain primitif était de ne reconnaître d'effets juridiques à la volonté des parties qu'autant qu'elle s'était manifestée par les formes solennelles de la stipulation. Puis on admit, en droit civil, que si cette volonté se référait à certaines conventions dénommées et réglementées elle produirait un lien d'obligation et serait sanctionnée par une action. Les autres conventions restaient sans effet, selon le droit civil ; ce n'étaient que des pactes, simples accords de volontés qui n'étaient point obligatoires.

La théorie des contrats innommés vint modifier la rigueur de ces principes. Sans doute le droit civil avait bien reconnu que, si l'une des parties avait exécuté de bonne foi une convention bilatérale et que l'autre se soit refusée à exécuter volontairement sa promesse, il eût été inique de laisser à cette partie de mauvaise foi l'avantage qu'elle avait obtenu. Aussi avait-on donné en pareille hypothèse à la partie de bonne foi une *condictio causa data, causa non secuta,* au moyen de laquelle elle pouvait répéter ce

qu'elle avait donné. Mais le remède était insuffisant ;
la convention restait d'une part sans effet et de l'autre la *condictio* même combinée avec l'*actio doli* ne
réussissait pas dans tous les cas à protéger la bonne
foi de la partie qui avait exécuté la convention ; il se
pouvait par exemple que, sans qu'il y ait eu dol de
l'autre partie, la restitution soit devenue impossible.
Aussi, pour satisfaire aux exigences de l'équité, les
jurisconsultes furent-ils amenés à introduire une
nouvelle action, *actio præscriptis verbis*, au moyen
de laquelle la partie qui a exécuté sa promesse pouvait obtenir que l'autre soit tenue de la sienne. En
dehors des contrats, malgré la volonté manifeste des
parties, tant que les choses restent en état, point de
lien d'obligation. On n'est qu'en présence d'un pacte
synallagmatique dépourvu d'action. Mais que l'une
des parties exécute ce pacte, il devient désormais
obligatoire pour l'autre partie ; c'est un contrat in-
nommé, sanctionné au choix de la partie soit par
l'ancienne *condictio*, soit par l'action *præscriptis
verbis* (loi 5, § 1, l. 25, Dig., 19, 5).

La question des risques devait se poser nécessairement dans la matière des contrats innommés.

Supposons deux personnes qui conviennent de se
faire réciproquement tradition de deux biens dont
elles sont propriétaires, c'est le contrat d'échange,
contractus do ut des. L'un des deux biens périt avant
qu'il y ait eu exécution de la part d'aucune des par-

ties. Notre question ne se posera pas. La convention n'ayant pas encore été exécutée, les deux parties sont encore libres l'une à l'égard de l'autre, chacune supporte la perte fortuite de sa chose.

Passons à l'hypothèse où l'une des parties a exécuté la convention d'échange ; la propriété de l'une des choses a été transférée, puis l'autre chose vient à périr par cas fortuit. Nul doute que la perte de cette chose ne libère le coéchangiste de l'obligation de la livrer ; mais qui supportera les conséquences définitives de cette perte : est-ce la partie créancière du bien péri, en ce sens qu'elle ne pourra répéter le bien qu'elle a livré ; est-ce la partie débitrice qui sera obligée de restituer ce qui lui a été donné ? En d'autres termes, la partie qui a exécuté la convention peut-elle ou ne peut-elle pas agir en répétition, quand l'objet dont elle est créancière a péri ?

Il existe sur cette question au Digeste deux textes célèbres qui présentent entre eux l'antinomie la plus complète.

Le premier est un fragment de Celsus, formant la loi 16, liv. 12, tit. 4.

Le jurisconsulte suppose que je vous ai donné de l'argent pour que vous me donniez l'esclave Stichus ; il se demande si cette convention se rapproche d'une vente, ou s'il n'existe entre nous d'autre lien que la *condictio ob rem dati re non secuta,* pour le cas où vous n'exécuteriez pas votre promesse. C'est vers

cette seconde opinion que penche Celsus, *in quod pro-
clivior sum*. Aussi décide-t-il que, si l'esclave Stichus
vient à mourir, je peux répéter ce que je vous ai livré
antérieurement, et cela parce que je ne vous avais
donné de l'argent que dans le but de recevoir l'esclave
Stichus, *quod ideo tibi dedi, ut mihi Stichum dares*.

Paul, au contraire, dans la loi 5, § 1, Dig., 19,
5, nous présente une doctrine diamétralement opposée. Si je vous ai donné une somme d'argent pour
recevoir une chose, nous sommes, dit le jurisconsulte, en présence d'une vente. Si, au contraire, je
vous donne une chose pour en recevoir une autre il
n'y a pas sans doute vente, car on n'admet pas que la
permutatio rerum soit une vente, mais il est certain
qu'une obligation civile prend naissance. L'action
qui la sanctionnera tendra non pas à la restitution
de ce que vous avez reçu mais à l'exécution réciproque-
que de la convention : *ut damneris mihi, quanti interest mea, illud de quo convenit, accipere*. Toutefois si je préfère rentrer en possession de ce que je
vous ai livré, je peux en obtenir la restitution par
la *condictio ob rem dati, re non secuta*. Mais si je
vous ai donné des coupes pour que vous me donniez
Stichus, Stichus est désormais à mes risques, vous
n'êtes plus responsable que de votre faute.

L'opinion de Celsus et celle de Paul sont donc absolument contradictoires. La chose restant à livrer
périt-elle par cas fortuit, Celsus autorise la répéti-

tion de celle qui a déjà été livrée, il fait donc peser les risques sur le débiteur; Paul au contraire n'admet plus la partie qui a exécuté la convention à répéter la chose qu'elle a livrée. La partie qui devait fournir la chose en échange est complètement libérée par sa perte fortuite; les risques sont à la charge du créancier.

Entre ces deux solutions, comme le dit M. Accarias, l'opposition est irréductible. Mais il semble bien admis que l'explication de cette contradiction est purement historique. Nous tirons tout d'abord une indication précieuse des titres mêmes où sont insérés ces fragments. Le texte de Celsus figure au titre *de conditione causa data, causa non secuta*; celui de Paul est au titre *præscriptis verbis*. Les deux jurisconsultes donnent chacun une décision exacte; mais ils raisonnent à deux époques distinctes de la jurisprudence romaine.

Du temps de Celsus, l'action *præscriptis verbis* n'avait pas encore été imaginée : la partie qui avait exécuté la convention, ne pouvait forcer l'autre partie à l'exécuter réciproquement. Elle n'avait que la ressource de se faire restituer, au moyen de la *condictio*, l'objet qu'elle avait livré. Seule action possible, la *condictio* était subordonnée à cette circonstance que la *res secuta non sit*. La partie qui s'est dessaisie de son bien ne l'a fait que dans le but de recevoir un avantage réciproque. Si pour une raison ou pour une autre son espérance est déçue, elle peut redemander ce qu'elle a livré. *Dedit ut sibi daretur*. Si donc l'*accipiens* ne peut plus en retour transférer sa chose parce qu'elle a péri fortuitement, il sera obligé de rendre celle qui lui avait été remise ; autrement dit il supportera les risques.

Paul au contraire admet des principes nouveaux ; il adopte l'opinion qui sanctionne ces *negotia nova*, inconnus du droit primitif, au moyen soit de l'action *præscriptis verbis*, soit de l'action *in factum*. Désormais la partie qui a exécuté sa promesse peut ne plus se borner à réclamer la restitution de sa chose ; elle peut exiger l'exécution même de la convention. Il est donc vrai de dire que, dès que le coéchangiste a livré sa chose, il est devenu créancier de l'autre partie, il a atteint juridiquement le but qu'il se proposait : dès lors si l'objet de sa créance vient à périr par cas fortuit, l'autre partie est libérée sans que le coéchangiste puisse être autorisé pour cela à revenir sur l'aliénation qu'il a opérée. C'est donc lui qui supporte définitivement les risques. Dans l'échange comme dans la vente, Paul applique la règle *res perit creditori*.

En résumé les deux solutions de Celsus et de Paul sont l'une et l'autre parfaitement exactes et juridiques ; elles se réfèrent seulement à deux époques différentes de la législation romaine. Justinien a par

inadvertance inséré dans son recueil la doctrine su-
rannée de Celsus (1).

L'opinion de Paul présente le dernier état de la
jurisprudence romaine ; elle est consacrée par un
rescrit des empereurs Dioclétien et Maximien formant au Code la loi 10, 4, 6.

*Pecuniam a te datam, si hæc causa, pro qua data
est, non culpa accipientis, sed fortuito casu non est
secuta, minime repeti posse certum est.*

La solution donnée à la question des risques dans
l'échange doit être étendue d'une manière générale
à tous les contrats innommés dont l'échange n'est
qu'une espèce particulière ; nous dirons donc que
toutes les fois que celui qui a promis de donner ou
de faire quelque chose a exécuté son obligation, il
ne peut plus agir en répétition, quoique la chose qui
lui a été promise ne puisse plus lui être livrée par
suite d'un cas fortuit : *res perit creditori.*

Toutefois nous devons présenter quelques observations particulières au sujet de l'*æstimatum.*

Dans ce contrat, l'*accipiens* s'engage envers le
tradens à lui rendre soit les objets qu'il a reçus *in
specie,* soit leur estimation. Si l'objet livré vient à
périr fortuitement entre les mains de l'*accipiens,*
qui supportera les risques ?

Dans la loi 17, § 1, Dig., 19, 5, Ulpien rapporte

(1) M. Accarias, *Théorie des contrats innommés* (septième con-
férence).

que Labéon et Pomponius faisaient la distinction suivante : si c'est le *tradens* qui a pris l'initiative du
contrat, c'est lui qui supporte la perte ; si au contraire il a cédé aux sollicitations de l'*accipiens*, les
risques sont pour ce dernier. Mais dans un autre
texte (loi 1, § 1, Dig., 19, 3) le même Ulpien semble
écarter cette distinction et faire peser dans tous les
cas les risques sur l'*accipiens : œstimatio autem periculum facit ejus qui suscepit*. Néanmoins on admet
qu'il n'y a pas antinomie entre ces deux textes. Dans
ce dernier fragment Ulpien se place sans doute en
présence de l'hypothèse la plus pratique ; en général
en effet, l'initiative des contrats de ce genre ne venait pas du côté des propriétaires. Il existait entre
les marchands et les acheteurs des intermédiaires,
des colporteurs, qui allaient au devant des acheteurs,
offrant leurs services à qui voulait les accepter.
C'étaient les *circitores* ; ainsi que leur nom l'indique,
ils couraient çà et là placer les marchandises qui ne
leur appartenaient pas. Aussi est-il facile de comprendre qu'à l'égard de telles personnes les marchands devaient prendre leurs précautions ; on avait
donc admis que le *circitor* devait répondre toujours
de la marchandise, c'est-à-dire être tenu ou de la représenter *in specie*, ou d'en payer l'estimation.

TABLE DES MATIÈRES

DROIT FRANÇAIS

DU CONTRAT D'ASSURANCE SUR LA VIE

OBLIGATIONS DE L'ASSURÉ ET DE L'ASSUREUR

(ÉTUDE DES CONDITIONS GÉNÉRALES DES POLICES)

INTRODUCTION

Nous nous proposons de rechercher et de définir les rapports que le contrat d'assurance sur la vie engendre entre l'assureur et l'assuré, d'étudier les obligations respectives qui prennent naissance à la charge des deux parties.

La matière de l'assurance sur la vie, en dehors de son importance au point de vue social et économique, présente pour le jurisconsulte un intérêt dont témoignent chaque jour les nombreux travaux qui lui sont consacrés. Incomprise des rédacteurs du Code civil, laissée de côté par le législateur, ce dont beaucoup de bons esprits ne s'affligent pas outre mesure, l'assurance sur la vie a offert à la doctrine

et à la jurisprudence un vaste champ d'études par
la variété de ses applications, par la diversité des
intérêts qu'elle met en jeu, par les multiples questions de droit qu'elle soulève.

La pratique, par son expérience lentement accumulée, a dégagé les desiderata auxquels le contrat
devait satisfaire. Les auteurs et la jurisprudence
s'inspirant de ces besoins doivent chercher à les concilier avec les principes du droit et à bâtir un corps
de doctrine résistant. Aussi ne resterons-nous pas
dans le domaine de la théorie pure, mais cherche-
rons-nous à faire une étude concrète, à dégager le
mécanisme même du contrat, à le montrer sous un
aspect vivant.

Les conventions tiennent lieu de loi entre les contractants ; nous devrons donc analyser les conventions qui interviennent entre l'assureur et l'assuré.

Mais ces conventions peuvent varier suivant les
compagnies et nous ne saurions entrer dans les détails qui peuvent les distinguer les unes des autres.
Nous prendrons donc comme type des conditions
générales d'un contrat d'assurance la police mise en
vigueur depuis le 1er janvier 1894 par le Comité des
quatre grandes compagnies françaises (*Compagnie
d'assurances générales, Union, Nationale, Phénix*).
Cette police présente les dispositions les plus récen-
tes sur notre matière, et par l'importance des com-

pagnies qui l'ont adoptée est destinée à servir de modèle aux autres compagnies (1).

Nous ferons cadrer ainsi l'étude des obligations de l'assuré et de l'assureur avec l'étude des conditions générales des polices d'assurance sur la vie.

Dans une rapide introduction, nous examinerons l'origine et la nature de l'assurance en général ; ce coup d'œil d'ensemble nous permettra de reconnaître que l'assurance sur la vie est une assurance d'une nature particulière.

Nous étudierons dans une première partie les obligations de l'assuré. Faire au moment de la formation du contrat des déclarations exactes, payer la prime convenue, ne pas aggraver le risque accepté par l'assureur, telles sont les trois obligations autour desquelles se grouperont nos recherches.

Les obligations de l'assureur feront l'objet de notre seconde partie ; nous verrons que toutes ces obligations tendent à l'exécution de l'obligation primordiale, essentielle du contrat, le paiement du capital assuré.

A chaque instant de sa vie, l'homme est exposé dans sa personne et dans ses biens à tous les effets du hasard. Menacé sans cesse d'événements qu'il ne peut empêcher, l'homme prévoyant trouve d'abord

---

(1) Au cours de notre étude nous nous reporterons constamment aux articles de cette police ; nous en reproduisons le texte complet en appendice.

dans l'épargne la possibilité d'en réparer les conséquences; dans ce but il prélève annuellement sur
ses revenus les éléments de cette réparation.

Mais l'insuffisance de ce procédé apparait bien
vite; aura-t-on en effet le temps d'épargner avant
d'être frappé; l'accumulation des économies suffira-
t-elle pour compenser la perte?

Livré à lui-même, l'homme est donc à peu près
impuissant dans sa lutte contre le hasard. Mais ces
périls qui le menacent à chaque instant, d'autres y
sont exposés comme lui, et, c'est avec une certaine
périodicité qu'ils viennent frapper l'ensemble du
groupe dont il fait partie. Ce que l'épargne isolée
n'a pu faire, l'épargne fortifiée par la solidarité aura
la puissance de le réaliser. Ceux qui se trouvent exposés à des risques de même nature formeront une
association. Ils mettront en commun leurs épargnes,
et quand un sinistre frappera l'un d'entre eux, un
prélèvement sur le fonds commun l'indemnisera de
sa perte.

Telle est l'analyse économique de l'opération d'assurance. L'assuré, que son épargne individuelle était
insuffisante à garantir, est désormais certain de la
compensation de sa perte éventuelle; il a atteint ce
résultat précieux d'éliminer le hasard dans la conservation de ses capitaux.

Ainsi envisagée, l'assurance a pour objet de compenser les effets du hasard par la mutualité, et c'est

très exactement qu'Horace Say a pu la définir « la réalisation de l'idée morale de la coopération de tous pour garantir chacun des risques que la nature des choses fait courir ».

Nous trouvons donc les deux notions de *risque* et d'*association* comme bases fondamentales de la théorie de l'assurance.

Ces deux notions sont simples. Les Romains pratiquaient l'association et avaient dégagé la notion du risque. Cependant il semble bien établi qu'ils ignorèrent l'assurance. Le *nauticum fœnus* toutefois en contenait le germe et la rente viagère fut pratiquée à Rome ; Ulpien en formule les règles d'évaluation dans un texte (loi 68, Dig., *ad legem Falcidiam*) où l'on a voulu voir l'origine des tables de mortalité ; c'était, comme on l'a écrit fort justement, une forme inconsciente d'assurance sur la vie.

Mais si les anciens n'ont pu arriver à une combinaison véritable d'assurance, ils faisaient de l'assurance en quelque sorte sans le savoir. Au fond, l'assurance existait sous forme de compensation des risques d'une part, et d'autre part, dans des conventions journalières où l'analyse en dégage aisément l'idée. Ainsi, la commission prélevée par le banquier, les prix surélevés du marchand qui vend à crédit, les taux usuraires de certains prêts, ne sont qu'une variété d'assurance : ils ont pour objet la garantie d'un risque fortuit, d'une perte accidentelle.

Il n'entre pas dans notre plan de faire ici une histoire de l'assurance. On sait que c'est l'assurance maritime qui en a été la première manifestation, sans doute parce que les périls de la mer ont frappé le plus vivement l'imagination des hommes. Mais ce n'est en réalité qu'au XIX° siècle que l'assurance a pris son essor ; et nous assistons aujourd'hui à son développement, que certains esprits trouvent même exagéré (1).

Les difficultés que présente l'appréciation scientifiquement exacte du risque à courir expliquent facilement pourquoi une combinaison dont l'utilité est si évidente et dont les éléments sont si anciennement connus a cependant été si longue à se développer.

On entend ici par risque, tout danger incertain dans son événement et son résultat, et qui expose une personne à une perte pécuniaire quelconque. Mais comment évaluer le degré de probabilité d'un risque ; comment par suite déterminer quels risques sont susceptibles d'être couverts par une assurance ?

Le principe de l'assurance, nous l'avons vu, est de répartir proportionnellement entre un certain nombre d'associés, qui prennent dans ce cas particulier le nom d'assurés, les dommages occasionnés par des sinistres d'un ordre déterminé et subis par un ou plusieurs membres de l'association (2).

(1) V. Leroy-Beaulieu, *L'État moderne et ses fonctions*, ch. V et VI.
(2) M. Lacombe, *Dict. d'économie politique* de Léon Say et Chailley-Bert. V. au mot *Assurance*.

Tantôt les membres de l'association sont à la fois assureurs et assurés ; c'est le système d'assurances mutuelles qui se rapproche le plus de la conception économique de l'assurance. Tantôt des groupes de personnes exposées à des risques analogues, s'adressent à un assureur qui s'engage à les garantir des conséquences de tel sinistre, s'il vient à se produire, moyennant le paiement par chacun des membres de la mutualité d'une prestation équivalente au risque assuré. Cette prestation prend le nom de prime ; c'est le système d'assurances à prime fixe.

La prime, suivant l'excellente formule de M. de Courcy, est donc l'expression du degré de probabilité du risque.

Mais qu'il s'agisse d'assurance mutuelle ou d'assurance à prime fixe, la garantie de l'assuré n'est sérieuse que si l'assureur connait l'étendue de sa responsabilité. Dès lors, on pressent que tous les risques ne sont pas susceptibles d'être couverts par une assurance. M. de Courcy, dont l'autorité s'impose dans notre matière, ramène à trois les conditions indispensables pour qu'il y ait lieu à une assurance. Il faut d'après cet auteur ;

1° Qu'il y ait un danger de nature à inquiéter sérieusement un homme sage et prévoyant ;

2° Que ce danger ait un caractère incertain et même improbable ; autrement dit, qu'il ne se présente à la pensée que comme un risque ;

3 Que le fléau qu'on assure exerce inégalement ses ravages, frappant çà et là des coups soudains, mais épargnant en somme la grande majorité des valeurs assurées.

Ces considérations théoriques permettent d'apprécier si, par sa nature, l'éventualité que l'on redoute peut faire l'objet d'une assurance. Mais, pour déterminer ensuite l'importance de la cotisation que devra s'imposer l'assuré, il faudra arriver à évaluer l'importance des chances auxquelles se soumet l'assureur. Il faudra transformer en une valeur actuelle et certaine la valeur éventuelle du sinistre à garantir.

L'appréciation scientifique de l'éventualité emprunte ses principes à la théorie de la probabilité et sa méthode à la statistique. Passant rapidement sur ces idées abstraites qui touchent à la théorie mathématique de l'assurance, nous nous bornerons à répéter, d'après Laplace, que la théorie de la probabilité a pour principe que, dans une série d'événements indéfiniment prolongée, l'action des causes régulières et constantes doit l'emporter à la longue sur celle des causes irrégulières ; autrement dit, les causes constantes l'emportant sur les causes accidentelles, la proportion des accidents normaux doit, si l'on envisage dans un temps donné un grand nombre d'éléments analogues, approcher d'un rapport constant.

Appliqué à l'assurance, ce principe peut s'exprimer ainsi(1) : « si l'on groupe un grand nombre de risques de même nature soumis à des circonstances analogues, la réalisation de l'événement redouté ne se produira dans un temps donné que pour une fraction constante des valeurs mises en risque ».

S'appuyant sur ce principe, la statistique intervient, et, par sa méthode et ses calculs propres, détermine ce rapport constant.

On a dès lors la possibilité d'apprécier la valeur actuelle du dommage possible. Par la comparaison de cette valeur avec la valeur à assurer on arrivera à déterminer la prime.

Ainsi se trouvent dégagés les trois éléments constitutifs de toute assurance : le capital assuré, le risque et la prime.

Ce rapide aperçu économique nous mène donc naturellement à la notion juridique de l'assurance. Il nous sera facile, maintenant, de la définir en nous plaçant à ce nouveau point de vue : un contrat par lequel l'une des parties, ou assureur, s'oblige envers l'autre partie, ou assuré, à l'indemniser du dommage que lui causeront, s'ils se produisent, certains sinistres prévus auxquels il est exposé ; moyennant l'obligation correspondante, prise par l'assuré, de payer, comme équivalent du risque garanti, une certaine somme, ou prime, payable soit immédiatement, soit en plusieurs termes.

(1) Lacombe, *loc. cit.*

Prime, capital et risque, voilà pour nous les éléments essentiels, les signes caractéristiques de toute assurance.

Tant qu'il n'y a pas de prime, il n'y a pas d'assurance ; nous aurons souvent à le répéter. La prime n'est en effet que le prix du risque : notons dès à présent que, pour cette raison, elle doit toujours être payée par anticipation.

Quant au capital, c'est-à-dire la somme qui devra être payée si le sinistre prévu se réalise, il est la cause même de l'obligation du preneur d'assurance.

Le risque enfin est la base de l'engagement de l'assureur, et le contrat serait nul s'il faisait défaut.

La plupart des auteurs estiment que pour qu'il y ait un contrat d'assurance, un autre élément est indispensable, l'association.

Nous n'entrerons pas dans une discussion dont l'intérêt pratique est négligeable. Il nous semble toutefois qu'il y a lieu de distinguer deux points de vue. Au point de vue purement économique, nous avons trouvé l'association à la base de l'assurance : nous avons vu que c'est elle qui, suppléant à l'insuffisance de l'épargne individuelle, peut arriver, à l'aide des cotisations de chacun, à constituer les capitaux assurés. Mais si, nous plaçant au point de vue juridique, nous recherchons les éléments essentiels et constitutifs du contrat d'assurance, nous ne voyons aucune raison d'y faire figurer l'association.

Toute personne a le droit d'en assurer une autre et nul ne pourrait contester la validité d'un tel contrat, sous prétexte qu'il est isolé. Qu'un pareil procédé ne soit pas pratiqué, qu'importe. Le contrat serait valable sans l'association ; c'est donc que juridiquement l'association n'est pas un élément constitutif du contrat. Mais nous nous empressons d'ajouter qu'elle est la condition du fonctionnement de toute opération d'assurance sérieuse.

Nous avons envisagé jusqu'à présent l'assurance d'une manière générale. On conçoit que son champ d'application soit très vaste. Donner même une énumération des risques divers susceptibles d'être garantis ne serait guère possible actuellement, car nous voyons chaque jour l'imagination fertile des assureurs faire surgir de nouvelles combinaisons.

Une grande distinction partage les assurances en assurances maritimes et assurances terrestres : ces dernières se multiplient indéfiniment. L'assurance contre l'incendie est la branche la plus importante de ce second groupe ; les assurances agricoles sont l'objet d'études sérieuses, car la matière est délicate (1), l'assurance contre la grêle et celle contre la mortalité du bétail fonctionnent seules, avec des chances diverses. Les assurances contre les accidents semblent appelées à un grand développement. Enfin

_____

(1) V. Thomereau, *Moniteur des assurances*, mars 1891.

des risques de toute nature peuvent faire l'objet d'une assurance, depuis le bris des glaces, jusqu'aux chances de remboursement de titres cotés au-dessus du pair.

Nous restons maintenant en présence de la branche qui a pris dans le courant du siècle et surtout dans ces dernières années l'extension la plus rapide et la plus considérable, les assurances sur la vie. Longtemps interdites par le législateur, en France du moins (1), l'assurance sur la vie n'était pas regardée avec plus de faveur par les jurisconsultes et les philosophes. « La vie de l'homme, écrivait Emerigon, n'est pas un objet de commerce, et il est odieux que sa mort devienne la matière d'une spéculation mercantile ». Les rédacteurs du Code civil, imprégnés de ces idées, proscrivent les assurances sur la vie des hommes « parce qu'un pareil acte est vicieux en soi (2) » et le procureur général Dupin reproduira ces paroles en 1861.

Ces idées surannées ne comportent même plus de discussion. L'assurance sur la vie, on s'accorde à le reconnaître, est, au contraire, un acte d'une haute moralité et d'une portée sociale considérable. On peut même dire sans exagération que le développement des opérations d'assurances sur la vie dans un

(1) « Défendons de faire aucune assurance sur la vie des hommes ». Ord. de la marine de 1681, liv. III, tit. V, art. 10.
(2) Portalis au Corps législatif.

pays peut servir de critérium pour apprécier les qualités d'économie, d'épargne et de prévoyance qui sont
les conditions mêmes de la richesse et de la prospé-
rité d'un peuple.

Les assurances sur la vie, envisagées d'une façon
générale, comprennent toutes les opérations basées
sur la durée de la vie humaine. On peut les diviser
en deux grandes catégories, les assurances en cas de
vie, et les assurances en cas de décès.

L'objet des assurances en cas de vie est d'attribuer
à l'assuré une certaine somme, s'il vit encore à une
époque déterminée.

L'assurance en cas de décès, au contraire, a pour
but de procurer à un tiers un capital déterminé, lors
du décès de la personne qui a souscrit le contrat.
Inspirée d'un esprit d'abnégation et de sacrifice, elle
tend, autant que possible, à réparer le préjudice matériel qu'une mort prématurée pourrait causer, soit
à la famille de l'assuré, soit aux tiers auxquels le bénéfice est attribué.

Les assurances en cas de vie comprennent deux
combinaisons principales :

1° La rente viagère immédiate, constituée moyennant un capital payé comptant et dont le taux est
déterminé d'après l'âge du rentier au moment du
placement ;

2° L'assurance différée qui a pour objet de garantir à l'assuré, s'il est vivant à une certaine époque,

le paiement d'un capital ou la constitution d'une rente viagère.

Quant aux assurances en cas de décès elles peuvent se ramener à deux types ; l'assurance temporaire et l'assurance pour la vie entière :

1° L'assurance temporaire est celle qui garantit un capital au décès de l'assuré, mais dans le cas seulement où ce décès aurait lieu avant une époque déterminée ;

2° L'assurance pour la vie entière est un contrat par lequel l'assureur s'oblige, moyennant une prime qu'il perçoit pendant la vie de l'assuré, à payer, lors du décès de ce dernier, quelle qu'en soit l'époque, une somme déterminée à ses héritiers ou ayants droit ou aux bénéficiaires désignés. Cette assurance est en réalité une succession d'assurances temporaires d'un an, et en ce sens on peut dire que l'assurance temporaire est l'unité de l'assurance en cas de décès.

On a combiné d'ailleurs l'assurance en cas de décès avec l'assurance en cas de vie ; au moyen de cette combinaison, si l'assuré meurt, la prime cesse d'être due et le bénéficiaire du contrat en touche le montant ; au contraire s'il survit à l'époque déterminée, il reçoit lui-même le capital assuré : c'est l'assurance mixte. Une variété de cette assurance est l'assurance à terme fixe qui procure, à une époque invariable, un capital déterminé à l'assuré ou à ses ayants droit, la prime cessant d'être exigible en cas de décès de l'assuré.

Ce sont là les formes d'assurances les plus caractéristiques et les plus usitées : mais les exigences de la concurrence, mettant aux prises l'ingéniosité des assureurs, ont donné naissance à quantité de combinaisons diverses qui varient de compagnie à compagnie, et dans le détail desquelles nous n'entrerons pas (1).

Quelle que soit la variété des risques qu'elles ont pour but de garantir les assurances présentent les mêmes caractères constitutifs. Voyons maintenant quelle est la nature juridique des contrats à intervenir.

Mais ici, nous ne pouvons plus parler d'une manière générale du contrat d'assurance. Ce qui n'est pas contesté à propos des assurances terrestres ou maritimes devient l'objet d'une grave discussion à propos des assurances sur la vie : nous voulons parler du caractère du contrat. Sans nous appesantir sur cette controverse, nous nous y arrêterons un moment, car la conception que l'on se fait d'un contrat a une importance capitale sur toute la suite des études auxquelles ce contrat donne lieu.

(1) Dans la suite de cette étude nous nous occuperons exclusivement de l'assurance en cas de décès pour la vie entière, qui est, pour ainsi parler, le type de l'assurance sur la vie : d'ailleurs les notions que nous développerons s'appliquent, *mutatis mutandis*, aux autres formes d'assurances.

Le contrat d'assurance en général est un contrat d'indemnité, c'est-à-dire que, en cas de sinistre, l'assureur est tenu d'indemniser l'assuré, mais il n'y est tenu que dans les limites de la perte réellement éprouvée. Le capital stipulé dans la police n'apparaît donc que comme le maximum de l'indemnité possible. Le sinistre survenant, il y aura lieu d'expertiser les dommages causés et de modeler, en quelque sorte, l'indemnité sur ces dommages. En un mot, l'indemnité suppose le dommage, et elle doit y être adéquate.

Ceci posé, l'assurance sur la vie peut sans doute présenter dans beaucoup de cas le caractère d'un contrat d'indemnité ; elle peut réparer, comme on l'a souvent écrit, le préjudice que causera la disparition de celui qui par son intelligence, son activité, son travail, subvenait aux nécessités d'une famille ou avait su inspirer du crédit autour de lui. Mais la majorité des auteurs va plus loin, et décide que, toujours et dans tous les cas, le contrat d'assurance sur la vie est un contrat d'indemnité. « La mort, dit M. Lefort, en anéantissant l'intelligence et les facultés d'un homme détruit une valeur ; cette valeur produisait des revenus à l'usage de telle ou telle personne. L'assurance sur la vie a pour but de fournir aux intéressés un équivalent de ce capital détruit par la mort, de même que l'assurance contre l'incendie a pour but de remplacer, dans un patrimoine, par une somme d'argent, un capital détruit par le feu ». Ainsi, d'après l'éminent auteur, l'assimilation est complète.

Si nous rapprochons l'assurance sur la vie de la définition que nous avons donnée de l'indemnité, il nous est difficile de partager cette opinion.

L'indemnité suppose le dommage et elle doit y être adéquate : donc, en premier lieu, le bénéficiaire d'une assurance sur la vie venant, lors du sinistre, réclamer le paiement du capital assuré, devrait fournir la preuve du dommage qu'il subit. Faute par lui de pouvoir établir l'existence d'un préjudice, il perdrait tout droit au capital assuré ; pas de préjudice, pas d'indemnité. Mais il y a plus : l'existence du dommage une fois constatée, il faudrait en faire l'évaluation, et, dans la limite du capital fixé par la police, réduire l'indemnité au montant du dommage souffert. Nous n'insisterons pas sur les difficultés, pour ne pas dire l'impossibilité de cette évaluation ; nous ferons seulement remarquer que, plus l'assuré vieillira, plus sa valeur économique, pour employer l'expression des partisans du système, diminuera, par conséquent, plus le montant de l'indemnité due ira s'affaiblissant, jusqu'à devenir nul ; solution qui irait directement à l'encontre de l'intention du contractant. Ajoutons d'ailleurs que, dans bien des cas, c'est en recherchant un vague caractère indemnitaire dans l'ordre moral que l'on arrive à découvrir la base problématique d'une indemnité.

Cette conception, nous semble-t-il, ne peut que rétrécir le champ d'application du contrat d'assurance sur la vie ; c'est une entrave que l'on s'impose volontairement et inutilement puisque les défenseurs de ce système ne peuvent en accepter les conséquences logiques. Enfin, la Cour de cassation (8 février 1888) a condamné la théorie que nous venons de combattre, et nous empruntons à l'un de ses magistrats dont la voix fait autorité en notre matière, M. le conseiller Crépon, commentant cet arrêt, les lignes suivantes qui résumeront cette rapide discussion. « La Chambre civile condamne la doctrine qui ne veut voir dans le bénéfice du contrat d'assurance sur la vie qu'une indemnité, une stipulation ayant pour objet d'indemniser les bénéficiaires de l'assurance du préjudice matériel que leur causerait la mort de l'assuré. Elle déclare que la stipulation à titre purement gratuit du bénéfice du contrat d'assurance sur la vie constitue une véritable libéralité ».

Nous ne discuterons pas la question de savoir si l'assurance sur la vie est une variété du *mutuum*, un prêt de capitalisation, un placement ou même une série de paris. Il nous suffit de savoir que nous sommes en présence d'un contrat de droit commun qui, en l'absence de dispositions spéciales, doit être régi par les principes généraux du Code civil.

PREMIÈRE PARTIE

OBLIGATIONS DE L'ASSURÉ

CHAPITRE PREMIER

DÉCLARATIONS.

Le contrat d'assurance est basé sur les déclarations du contractant. Ce principe n'est pas spécial à l'assurance sur la vie ; il est commun à toute opération d'assurance. Mais c'est, sans contredit, dans notre matière qu'il est d'une application particulièrement délicate.

Quand il s'agit d'objets mobiliers ou immobiliers, l'assureur peut se rendre compte par lui-même, avec exactitude, de la qualité du risque qu'il assume ; il est relativement facile d'expertiser les qualités ou les défauts de construction d'un navire ou d'une maison, de se rendre compte de la valeur d'un objet mobilier. Mais, lorsqu'il faut apprécier la durée probable d'une vie humaine, il ne suffit pas, quelque complexe que soit déjà cette constatation, d'examiner l'état de santé actuel du contractant au moment où il propose l'assurance; il est indispensable que l'assureur soit renseigné sur toutes les causes de nature à influer sur la santé ou la vie du proposant, autrement l'opinion qu'il se ferait du risque serait erronée et sans valeur.

Seul le proposant est lui-même en mesure d'éclairer l'assureur, à qui l'on ne saurait raisonnablement imposer une enquête portant sur toute l'existence antérieure du proposant, sur ses antécédents, ses habitudes, etc.

Lors de la formation du contrat, la première obligation de l'assuré est donc de renseigner l'assureur avec franchise et précision sur toutes les circonstances présentant de l'intérêt au point de vue de l'appréciation du risque, autrement dit de faire des déclarations exactes.

Nous examinerons dans un premier paragraphe sur quels points portent les déclarations que doit faire l'assuré.

Dans un second paragraphe nous étudierons ensuite quels vices peuvent entacher ces déclarations et quels sont les effets de déclarations entachées de ces vices.

§ 1. — Déclarations de l'assuré.

Examinons comment les choses se passent pratiquement lorsqu'une personne propose à une compagnie une assurance sur sa tête.

L'assureur, pour arriver à se former une opinion sur le risque qu'on lui soumet, provoque tout d'abord un certain nombre de déclarations du proposant. Il invite ce proposant à lui fournir un certificat médical émanant de son médecin habituel ou du médecin de sa famille. Si l'affaire lui est procurée par un de ses agents, il lui pose un certain nombre de questions auxquelles l'agent doit répondre soit d'après les renseignements qu'il peut fournir lui-même, soit d'après ceux qu'il a pu se procurer en les demandant à la personne à assurer elle-même, ou à toutes autres personnes qui seraient en état de les lui donner. Enfin toutes ces indications différentes sont complétées par un examen médical, pratiqué par un médecin accrédité auprès de l'assureur, qui peut alors apprécier la qualité du risque qu'on lui propose et statuer en connaissance de cause.

En principe, l'assureur entend prendre à sa charge les risques de décès menaçant les hommes en général, à l'exclusion de tout risque spécial à l'individu et qui proviendrait soit d'hérédité, soit de toute autre cause.

Ceci posé, la première déclaration à faire par le proposant est celle de son âge.

Tout d'abord chaque compagnie fixe, en général, un âge assurable passé lequel elle estime le risque inacceptable (1). De plus c'est l'indication de l'âge qui permet à l'assureur de fixer les conditions du contrat. En effet, à l'aide des tables de mortalité il connaît, pour chaque âge, la durée probable de la vie humaine; il sait quelle est la moyenne de l'existence réservée aux personnes de l'âge du proposant. Il peut donc apprécier les chances de gain ou de perte de l'affaire qu'on lui soumet.

On pourrait être tenté de dire que cette première déclaration doit suffire : l'assureur connaissant la durée probable de la vie du proposant diminuerait, par une mesure de prudente administration, cette période probable de quelques années, et sur cette base réduite calculerait le montant de la prime.

L'insuffisance d'un pareil procédé apparait bien vite; les membres de la mutualité doivent présenter des chances analogues, autrement l'égalité serait rompue. L'assureur, gérant responsable de la mutualité, doit en écarter par une sélection scrupuleuse toutes les personnes dont la présence constituerait un extra-risque. Autrement dit, il faut que la

---

(1) La plupart des compagnies fixent l'âge assurable à 60 ans. Sur la tête d'une personne âgée de plus de 60 ans, elles n'accepteraient une assurance qu'à des conditions spéciales.

personne à assurer soit d'une constitution et d'une
santé telles, qu'elle présente des chances de longévité au moins égales à celles de l'ensemble de la po-
pulation.

Il ne peut donc suffire à l'assureur de connaître
l'âge du proposant : il faut encore qu'il soit rensei-
gn: exactement sur tout ce qui peut présenter de
l'intérêt au point de vue de l'appréciation du risque.
Ce sont les déclarations du proposant qui vont déterminer le consentement de l'assureur ; si ces déclarations ne sont pas sincères, le consentement
de l'assureur sera affecté d'un vice dont nous aurons
à apprécier l'influence sur la validité du contrat.

Le proposant devra donc fournir à l'assureur tous
les renseignements de nature à l'éclairer sur sa situation particulière, et l'assureur sera en droit d'exiger des indications d'autant plus précises que le
contrat mettra en jeu non seulement son propre
intérêt, mais celui de la mutualité dont il est le
représentant, et dans laquelle il est de son devoir de
ne laisser entrer que des assurés présentant au point
de vue du risque des chances autant que possible
identiques.

La profession que l'on exerce, le genre de vie auquel elle vous astreint, le domicile, la région que l'on
habite influent d'une manière lente et inévitable sur
la constitution, la santé et partant sur les chances
de mortalité de chacun. Ces principes sont tellement

indiscutables qu'il est inutile de les appuyer par des exemples : il est clair que les personnes qui vivent au grand air, à la campagne, évitent tous les inconvénients que présente pour la santé l'agglomération des villes ; que le médecin soignant des maladies contagieuses est plus exposé que l'avocat ou le professeur. Le proposant devra donc faire sur ces différents points les déclarations les plus précises.

Les habitudes d'intempérance présentent une importance capitale au point de vue des chances de mortalité ; la science dégage tous les jours, d'une manière plus inquiétante, l'influence de l'alcoolisme. Cependant les compagnies françaises, touchées sans doute par ce que la question aurait de pénible pour le proposant, ne l'interpellent pas directement à ce sujet. Elles se bornent à demander à leur médecin s'il y a des présomptions d'alcoolisme. Si donc les habitudes funestes du proposant n'ont pas encore apporté un trouble visible dans son organisme, l'assureur acceptera un risque bien plus grave que celui qu'il croyait assumer, sans que l'assuré puisse être accusé de réticence. Malgré ce que la déclaration peut avoir de délicat, il nous paraît qu'elle devrait être provoquée directement par l'assureur, et il faudrait en dire autant de l'usage immodéré du tabac, ainsi que des intoxications volontaires par l'éther, l'opium ou la morphine.

Le proposant doit faire connaître ses antécédents

héréditaires. Il doit déclarer si ses père et mère sont
encore vivants, quel est l'état de leur santé ; s'ils
sont morts, à quel âge et de quelle maladie. Il doit
également renseigner l'assureur sur le point de savoir s'il a des frères et sœurs, quelle est leur santé ;
s'il en a perdus, à quel âge et de quelle maladie.

Il y a là une source d'indications précieuses, car,
sans vouloir exagérer la portée des choses, il est tout
au moins très-vraisemblable que l'individu dont les
parents ont atteint un âge avancé, dont tous les membres de la famille sont bien constitués et en bonne
santé, a de grandes chances, sauf les cas d'accidents,
d'atteindre sinon de dépasser la vie moyenne réservée aux personnes de son âge. Aussi, en pratique,
est-ce le médecin même de la compagnie qui adresse
à ce sujet une série de questions au proposant, et
les réponses de ce dernier présentent de l'avis général une importance telle pour l'opinion du risque,
qu'un proposant, même jouissant d'une bonne santé,
mais dont les antécédents héréditaires seraient mau-
vais, aurait peu de chances d'être accepté par une
compagnie.

Toutefois, cette manière de voir a été attaquée
avec une grande violence. On a déclaré que la recherche des précédents héréditaires était « au point
de vue scientifique fallacieuse et sans portée, au
point de vue de l'assurance et de la mutualité, con-

tradictoire et destructive de l'équité (1) ». Nous
sommes peu touchés des arguments invoqués par
M. le Dr Bertillon à l'appui de sa thèse : tel proposant, dit-il, ne voulant ou ne pouvant déguiser la
vérité dénoncera tout son passé et celui de sa famille ;
tel autre, plus habile, omettra plus ou moins sciemment les faits sanitaires qu'il présume lui être pré-
judiciables. L'inégalité des renseignements est donc
obligée, et elle est destructive de l'économie de la
mutualité. M. Bertillon nous semble perdre de vue
d'une part que toute assurance est basée sur les déclarations du proposant, d'autre part que l'inexactitude de ces déclarations entraîne la nullité de l'assurance dans des conditions que nous aurons à
déterminer : une clause spéciale intervient à ce sujet dans les polices dont les conditions s'imposent et
font la loi entre les parties. Si donc un assuré s'est
introduit par fraude dans la mutualité, dissimulant
un état sanitaire ou des précédents héréditaires dangereux, il arrivera de deux choses l'une : ou bien cet
assuré mourra très-peu de temps après son entrée
dans la mutualité, l'attention de l'assureur sera
éveillée par ce décès prématuré, il fera une enquête

(1) *Dictionnaire encyclopédique des sciences médicales* (art.
Assurance). Nous noterons en passant combien est incomplète et
même inexacte la définition donnée par M. Bertillon. « L'assurance
est une transaction par laquelle un assureur s'engage à payer une
somme désignée dans l'acte, lors de la production d'un événement
fortuit ».

sérieuse et discrète pour contrôler les déclarations
de l'assuré, et, en ayant reconnu la fausseté, il de-
mandera la nullité de son engagement ; ou bien, au
contraire, le décès de cet assuré surviendra dans un
délai normal, et même dans ce second cas la nature
de la dernière maladie pourra inspirer des soupçons
à l'assureur et l'amener à découvrir la fausseté des
déclarations de l'assuré. Dans les deux hypothèses
l'économie de la mutualité est sauvegardée, et si l'on
met en doute la vigilance de l'assureur, nous répondrons que son intérêt répond de celui des coassurés.
Quant à la valeur scientifique des précédents héréditaires dans l'opinion du risque, l'assureur n'a pas
la prétention de la fixer par un coefficient mathématique. L'importance des états sanitaires antérieurs
et des influences ancestrales ne sera peut-être jamais
susceptible d'être déterminée avec précision ; mais
il est indéniable qu'il y a là tout au moins une indication, une vraisemblance, si le mot probabilité parait trop significatif. Les renseignements recueillis
par l'assureur sur ce point, corroborés ou contredits
par les autres renseignements qu'il aura groupés,
seront sans nul doute un élément loin d'être négligeable pour l'appréciation du risque.

Ce qu'il importe le plus à l'assureur de connaître
exactement, c'est l'état de santé du proposant. C'est
sur cette matière que les déclarations doivent être le
plus précises et que les tribunaux ont eu le plus sou-

vent à examiner s'il y avait eu ou non réticence.
Hâtons-nous d'ajouter que ces questions de réticences sont des questions purement de fait, et que les
tribunaux ont toute qualité pour les apprécier souverainement d'après les circonstances (1).

L'assureur, comme nous l'avons vu précédemment,
fait une sélection parmi les risques qui lui sont offerts;
la mutualité qu'il administre représente des risques
de choix, des coassurés exempts de chances de mort
qui leur soient spéciales. Certaines compagnies ont
bien essayé d'assurer en Angleterre ce que l'on a appelé les mauvaises vies, c'est-à-dire les personnes
refusées par toutes les compagnies ordinaires à
raison de l'état de leur santé, mais ce serait là
pour l'assurance une sphère d'application toute spéciale (2).

Le proposant doit donc déclarer les maladies qu'il
a pu faire précédemment, leur date, leur durée;
celles qu'il peut avoir actuellement, ainsi que les infir-
mités cachées dont il se sait atteint. Les maladies à
déclarer sont « toutes les affections chroniques ma-
nifestes et dont la gravité est notable, non seulement
parce qu'elles peuvent entraîner soudainement la
mort, mais aussi parce qu'elles ont une tendance à
abréger la vie, par exemple, une ou plusieurs at-
taques d'apoplexie, la paralysie locale ou générale,

(1) Cass., 4 avril 1887, S. 89.1.120.
(2) Voir *Moniteur des Ass.*, 1879, p. 155.

l'épilepsie, l'aliénation mentale, l'altération du cœur
ou du système circulatoire, une ou plusieurs hémop-
tysies, les affections pulmonaires et laryngées,
l'asthme, la goutte, l'hydropisie, les tumeurs diverses, etc..... Pareillement, il faut signaler les vices
de conformation congénitaux ou acquis, susceptibles
d'abréger la vie, spécialement les hernies, les infir-
mités cachées dans la profondeur des organes, telles
que les fistules, les rétrécissements rectaux ou vési-
caux, les incurvations marquées de la colonne verté-
brale qui, par la gêne qu'elles apportent aux mouve-
ments respiratoires et circulatoires, doivent prédis-
poser aux affections du cœur et des gros vaisseaux,
et rendre le diagnostic plus grave dans le cours des
affections de poitrine » (Dr Bertillon) (1). En résumé, la question est de savoir si telle ou telle omission
est de nature à diminuer l'opinion du risque : c'est
une question purement de fait. A titre d'exemples,
nous choisirons dans la jurisprudence, si riche sur
cette matière, un jugement du tribunal civil de la
Seine du 4 mai 1891 (2) décidant qu'il y a diminution
de l'opinion du risque par suite de la dissimulation
par le proposant de bronchites antérieures, et un
arrêt de la Cour d'appel de Paris du 7 janvier
1879 (3) jugeant qu'un assuré n'a pas à déclarer une

(1) Art. Assurance, *Dict. encyclopédique des sciences médicales.*
(2) *Rec. pér. des Ass.*, 1891, p. 121.
(3) D. P. 1880. 2. 133.

infirmité dont il était atteint, lorsque cette infirmité
no peut exercer aucune influence sur la durée de la
vie (1).

L'assurance étant essentiellement un contrat de
bonne foi, il aurait été à désirer que l'on pût se contenter des déclarations de l'assuré pour établir la
police. Mais, outre que chacun est porté à se faire
des illusions sur l'état de sa santé, à se dissimuler
comme à s'exagérer la gravité d'une souffrance, il
est pour l'homme de l'art des indices qui lui permettent de diagnostiquer telle infirmité ou le germe de
telle affection alors que le proposant n'en soupçonne
pas l'existence ou l'importance. Les compagnies con-
fient donc à un médecin accrédité auprès d'elles,
d'une part la vérification des déclarations du propo-

(1) Pour corroborer les déclarations du proposant relatives à l'é-
tat de sa santé, les compagnies d'assurances ont songé à demander
au médecin appelé à donner habituellement ses soins au futur
assuré, son opinion sur la qualité du risque.

Les unes lui font remettre un questionnaire par le proposant
lui-même qui déclare le dégager du secret professionnel : ce
questionnaire peut se résumer dans la dernière question : « Pen-
sez-vous que le proposant soit dans des conditions de santé telles
que l'on puisse accepter une assurance sur sa vie ». Les autres ont
renoncé à un certificat imprimé à l'avance et se bornent à demander s'il y a lieu ou non de passer le contrat d'assurance. Mais
dans les deux cas on se heurte à une grave question : le médecin
est-il en droit de refuser une pièce dont son client a besoin ? Il y
a là une application de la théorie du secret professionnel particulièrement délicate, et sur laquelle nous aurons l'occasion de revenir avec quelques détails quand nous examinerons les pièces
nécessaires à l'assureur pour effectuer le règlement de ses contrats
sinistrés.

sant (1), d'autre part l'examen personnel de ses fonctions et de ses organes. Ce n'est pas ici le lieu de
rentrer dans l'étude des questions que soulève la visite médicale. Nous aurons à examiner, dans le paragraphe suivant, quelle est, au point de vue juridique, la valeur des renseignements donnés par le
médecin de la compagnie, et notamment si le bénéficiaire d'une assurance peut repousser une demande
en nullité pour réticence en alléguant que l'état de
choses invoqué par la compagnie avait été découvert
par le médecin de cette compagnie.

Le proposant doit enfin, conformément à un principe admis pour toutes les assurances terrestres, déclarer s'il a déjà passé avec d'autres compagnies des
contrats d'assurances et s'il fait actuellement à d'autres compagnies d'autres propositions. Il doit surtout déclarer s'il n'a pas fait à d'autres compagnies
des propositions d'assurances qui aient été refusées,
ou qui soient demeurées sans résultat. Le Code de commerce espagnol de 1885 a même édicté une disposition spéciale à ce sujet. L'article 427 impose à l'assuré l'obligation formelle de déclarer les autres
assurances sur la vie souscrites par lui antérieurement ou simultanément à d'autres compagnies, sous
peine d'être privé du bénéfice de l'assurance, et réduit au droit d'exiger la valeur de la police.

(1) Dans la pratique, c'est le médecin lui-même qui pose les
questions.

L'utilité de cette déclaration se comprend aisément, car l'assureur y trouve, d'une part, une ligne de conduite à suivre, d'autre part, le moyen de prévenir une fraude qui aurait pu lui faire courir les plus grands périls. En effet, la personne à qui le refus d'une première proposition d'assurance aurait révélé la gravité d'une maladie pourrait, en se soumettant à un traitement plus ou moins long, éprouver à un certain moment un mieux passager et profiter de cette amélioration apparente pour présenter à une autre compagnie une nouvelle proposition où elle se garderait bien de déclarer cette affection peut-être difficile à constater. La réticence commise du chef d'une assurance antérieure, bien plus aisée à prouver que la réticence du chef d'une maladie, suffira pour permettre à l'assureur de demander la nullité du contrat, et pour le mettre ainsi en garde contre une fraude dangereuse.

Tels sont les principaux points sur lesquels portent ordinairement les déclarations que doit faire l'assuré (1). Ils touchent aux circonstances qui présentent

_____

(1) Quand la proposition d'assurance émane d'une femme, elle doit, entre autres déclarations particulières, déclarer si elle est enceinte, et depuis combien de mois.

Les compagnies françaises ne suivent pas une règle uniforme en ce qui concerne l'assurance des femmes enceintes. Les unes refusent simplement leurs propositions ; d'autres les acceptent, sauf le cas de primiparie ; quelques-unes les acceptent dans tous les cas, mais sous certaines conditions, par exemple que le mari s'assure en même temps, et que les primes ne soient pas fraction-

un intérêt capital pour l'appréciation du risque.
Mais, nous aurons souvent l'occasion de le répéter,
nous sommes ici dans une matière essentiellement
de bonne foi. Aussi l'assuré doit-il déclarer que,
non seulement ses réponses sont entièrement confor-
mes à la vérité, mais encore qu'il n'a rien caché
de ce qui aurait pu influencer la décision de l'assureur sur sa proposition.

§ 2. — De l'exactitude des déclarations au point de vue de la validité du contrat.

Les déclarations de l'assuré servent de base au
contrat : ce sont elles qui déterminent le consentement de l'assureur et l'acceptation du risque. Donc
toute déclaration fausse ou inexacte, toute réticence
vicient le consentement donné, et l'on pressent qu'il
y a matière à nullité.

Nous avons au Code de commerce un texte relatif aux assurances maritimes, mais qui, d'après l'u-
nanimité des auteurs, doit être étendu aux autres

nées. La solution la plus sage nous semble d'ajourner la proposition lorsqu'elle est présentée à une période de la gestation telle que
l'examen des organes n'est plus susceptible d'être fait avec l'exactitude désirable par suite des troubles occasionnés par la grossesse
dans les diverses fonctions.

On a proposé de demander à toute femme une surprime car
jusqu'à 45 ans la mortalité des femmes est supérieure à celle des
hommes. Cette surprime serait supprimée à 45 ans, sur avis mo-
tivé du médecin (*Moniteur des Ass.*, 15 nov. 1892).

assurances. C'est l'article 348 ainsi conçu : « Toute réticence, toute fausse déclaration de la part de l'assuré..... qui diminueraient l'opinion du risque ou en changeraient le sujet, annulent l'assurance. — L'assurance est nulle, même dans le cas où la fausse déclaration n'aurait pas influé sur le dommage ou la perte de l'objet assuré ». Ce texte se rattache bien à la théorie des vices du consentement : il suppose que les dires de la personne qui s'assure ont provoqué une erreur chez l'autre partie, et il protège l'assureur contre les erreurs où l'a induit l'assuré.

Nous pouvons résumer le paragraphe précédent en disant que l'assuré ne doit rien cacher de ce que l'assureur a intérêt à savoir: s'il est soumis à des risques particuliers qu'il connait ou devrait connaitre et qu'il contracte une assurance sans les déclarer, il met à la charge de l'assureur un risque différent de celui que ce dernier avait en vue. Le consentement de l'assureur n'a pas été libre. Mais, avant d'examiner les vices qui ont pu l'altérer et leur influence sur la validité du contrat, il faut nous débarrasser d'une objection que l'on n'a pas manqué de faire.

La compagnie n'est pas recevable, a-t-on dit, à demander la nullité pour fausse déclaration ou réticence, alors que l'assuré a été visité, avant la conclusion du contrat, par un médecin accrédité auprès d'elle, qui a exprimé sur l'état de sa santé un avis favorable, et l'on invoque, par analogie, la doctrine admise généralement en matière d'assurances terrestres. Des arrêts ont décidé en effet que l'assuré contre l'incendie échappe à toute action en nullité pour réticence ou fausse déclaration dans le cas où les lieux ont été désignés inexactement par le représentant de l'assureur qui les avait visités et qui avait rédigé la police. D'une manière plus générale, l'assureur ne peut se prévaloir contre l'assuré de l'omission d'une déclaration dans la police rédigée par son représentant, alors qu'il est établi, d'une part que ce dernier avait une entière connaissance de la situation, et, d'autre part, que l'assuré a entièrement suivi la foi de ce représentant. Ainsi la compagnie sera liée par le certificat favorable émanant de son médecin, elle ne pourra être recevable à demander la nullité de son engagement.

Nous estimons qu'il n'y a aucune espèce d'assimilation à établir entre les deux hypothèses ; elles sont séparées par des différences profondes qu'un arrêt de la Cour de Rouen du 21 janvier 1876 a fort bien mises en lumière. Si, par le fait spécial d'un de ses agents, la police contenait une réticence ou une déclaration inexacte, la compagnie serait responsable de l'omission ou de la rédaction vicieuse de son préposé. Mais le médecin, dit en substance l'arrêt, n'a jamais été le représentant de la compagnie ; il ne

s'est substitué à l'assureur ni dans la constatation .
des circonstances, ni dans la rédaction de la police.
Chargé par la compagnie de la délicate mission de
vérifier d'une part les déclarations de l'assuré, et de
donner de l'autre un avis confidentiel sur le mérite
de ces déclarations, sa visite n'est qu'une garantie
particulière, un contrôle exercé dans l'intérêt de l'assureur et complètement étranger à l'assuré. Donc
l'examen du médecin ne doit être d'aucune considération pour la solution des questions de nullité.

Ainsi présentée, cette doctrine peut paraître trop
absolue. L'assuré s'est soumis à la visite du médecin ;
sans doute l'opinion de ce médecin appartient à la
compagnie qui l'a sollicitée, mais elle ne doit pas non
plus être complètement étrangère à l'assuré qui a
consenti à l'examen. Aussi M. Labbé repousse-t-il
cette idée que le rapport du médecin soit complètement indifférent dans la question de nullité. « Ce que
l'on peut décider, dit l'éminent auteur, c'est que la
visite faite par un médecin de la compagnie ne saurait
être un obstacle à une demande en nullité pour cause
de réticence ou de fausse déclaration. Le médecin
n'a pas découvert la maladie dont l'assuré était atteint ; la circonstance que l'assureur a cherché à
s'éclairer directement, sans y réussir, sur la santé
de l'assuré ne relève pas ce dernier de ses obligations.
L'assureur a employé tous les moyens possibles d'être
renseigné ; il n'a pas cessé pour cela de compter sur

la sincérité des déclarations de l'assuré. Le défaut de clairvoyance du médecin de la compagnie n'absout pas l'assuré de son mensonge ».

Nous ne saurions, en conséquence, approuver un arrêt récent du 12 janvier 1891 de la Cour de Paris, duquel il semble résulter que le certificat médical émanant du médecin même de la compagnie doit faire écarter toute idée de fraude de la part de l'assuré (1). Nous estimons inadmissible que la visite médicale, précaution prise par les compagnies dans leur intérêt pour contrôler les déclarations qui leur sont faites, se retourne contre elles et profite à l'assuré. Il nous paraît également impossible d'admettre que l'assuré qui, après avoir trompé l'assureur, réussit à induire en erreur le médecin lui-même, puisse se prévaloir de cette erreur pour échapper à la déchéance qu'il a encourue pour ses fausses déclarations ou ses réticences.

Ainsi, les compagnies ne sont pas liées par les certificats de leurs médecins. Elles sont recevables à demander la nullité de leur engagement lorsque leur consentement a été vicié, et nous nous retrouvons en présence de l'article 348 du Code de commerce, reproduit et accentué par l'article 1er de notre police, ainsi conçu : « Les déclarations, *soit du contractant, soit du tiers assuré*, servent de base au présent con-

_____

(1) *Rec. pér.*, mars 1891.

trat. Toute réticence, toute fausse déclaration qui diminueraient l'opinion du risque ou qui en changeraient le sujet, annulent l'assurance ».

Nous voudrions faire tout d'abord ressortir cette idée, que la règle formulée par l'article 348 et reproduite par les polices n'a pas été imaginée spécialement à l'occasion des assurances ; elle n'est que l'application particulière à la matière des assurances de la règle générale posée par l'article 1110 du C. civ. « L'erreur n'est une cause de nullité de la convention que lorsqu'elle tombe sur la substance même de la chose qui en est l'objet ». L'article se sert, intentionnellement sans doute, d'une expression extrêmement ambiguë, et les auteurs ne se sont pas mis d'accord sur ce qu'il faut entendre par une qualité substantielle. Pour les uns, la substance est ce qui fait qu'une chose a un caractère, une utilité, une signification déterminée ; ce serait une qualité essentielle, absolue qui fait que la chose est de telle nature et non de telle autre. Pour les autres, la substance, au point de vue juridique, est quelque chose de purement relatif, c'est la qualité que les parties avaient principalement en vue en contractant. Quelle que soit l'interprétation adoptée, son application à la matière des assurances aurait été particulièrement complexe et délicate. Celui qui achète une chose a le droit de l'examiner sous toutes ses faces ; celui qui prend une chose à bail peut, par une visite attentive, se rendre compte du marché qu'il fait. L'assureur, lui, doit se contenter des déclarations de l'assuré, et le principe est le même pour toutes les assurances. Il était donc nécessaire de formuler le principe posé dans l'article 1110 d'une manière plus précise et plus énergique que dans les autres contrats ; c'est dans ce but que l'article 348 a été inséré dans la matière des assurances, comme une application spéciale du principe de l'article 1110. Mais il supprime à l'avance toutes les controverses et les difficultés qui n'auraient pas manqué de se produire si on était resté dans les termes généraux de l'article 1110. Les circonstances relatives à la chose assurée étant d'une variété infinie, il y aurait eu dans chaque cas une discussion interminable sur la question de savoir si l'erreur avait porté sur la substance ou sur une qualité purement accessoire et accidentelle. Le Code de commerce qui veut avant tout des solutions pratiques a supprimé cette difficulté, il l'a sapée par la base en disant : « toute réticence, toute fausse déclaration de nature à diminuer l'opinion du risque..... ». Ainsi, en matière d'assurance, la substance c'est l'opinion du risque, et par conséquent tout ce qui pourra influer sur l'opinion du risque tombera sous l'article 348.

Cet article a donc été rédigé dans l'intérêt de l'assureur, parce que, comme tous les auteurs le font remarquer, la situation n'est pas égale entre l'assuré et l'assureur, ce dernier ne pouvant qu'accepter les déclarations de l'assuré sans être, la plupart du temps, à même de les vérifier. Aussi lorsque cet assureur, alléguant que son consentement a été vicié, viendra demander la nullité de la convention, pourra-t-il, grâce à l'article 318 et à l'article 1er de la police, administrer bien plus facilement la preuve qu'il doit rapporter.

Mais, si l'erreur autorise la compagnie à demander la nullité de l'assurance, toute erreur ne saurait produire ce résultat. Nous laisserons de côté l'hypothèse peu pratique d'une erreur sur le sujet, Pierre assuré au lieu de Paul, et nous distinguerons si l'assureur allègue ou non le dol de la part de l'assuré.

A. — *L'assureur prétend que son consentement a été vicié par le dol de l'assuré.*

D'après l'article 1116 du Code civil, le dol est une cause de nullité de la convention lorsque les manœuvres pratiquées par l'une des parties sont telles qu'il est évident que, sans ces manœuvres, l'autre partie n'aurait pas contracté. Il ne se présume pas, il doit être prouvé.

Ainsi, en droit commun, celui qui se prétend victime d'un dol doit prouver tout d'abord l'existence de manœuvres frauduleuses destinées à l'induire en erreur ; il doit établir, ensuite, que sans ces manœuvres il n'aurait pas traité ; enfin qu'elles ont été pratiquées par la partie avec laquelle il a contracté.

Si nous rapprochons de cette triple règle le texte de l'article 1er de notre police, reproduisant l'article 318, nous constaterons qu'elle subit des modifications intéressantes.

a) En premier lieu, la compagnie pourra ne pas avoir à prouver que l'assuré s'est livré à des manœuvres frauduleuses ; elle pourra faire annuler le contrat pour une simple réticence ; il y aura là, pour les tribunaux, une question d'appréciation des faits. Observons toutefois que, si la réticence est relative à un ordre de choses sur lequel les compagnies n'appellent pas spécialement l'attention du proposant mais s'en remettent aux déclarations ou aux recherches de leurs agents, la nullité ne pourrait être invoquée de ce chef : ainsi, nous avons vu dans le paragraphe précédent que les compagnies françaises ne posent au futur assuré aucune question sur ses habitudes de vivre (intempérance, alcoolisme, intoxications volontaires). Elles ne seraient donc pas admises à alléguer une réticence à ce sujet.

b) L'assureur n'aura pas à rapporter la preuve que sans le dol il n'aurait pas traité. Il aura seulement à établir que la réticence ou la fausse déclaration diminuait l'opinion du risque. Supposons, par exemple, que l'assuré ait dissimulé une maladie ; la compagnie aurait à prouver, d'après l'article 1116, que, si elle avait connu la maladie, elle n'aurait pas traité ; elle devrait pour cela établir notamment qu'elle n'a jamais accepté d'assurer des personnes atteintes de cette maladie. L'article 318 la relève d'une preuve aussi difficile; elle n'aura qu'à établir que le mal était de ceux qui « susceptibles d'abréger les jours de l'assuré influent vraiment sur l'opinion du risque ». Elle peut avoir accepté à maintes reprises des proposants atteints d'une pareille infirmité et qui l'ont déclarée; la nullité du contrat n'en devra pas moins être prononcée.

c) Pour que le dol soit une cause de nullité, avons-nous dit, il faut en troisième lieu qu'il émane de l'une des parties contractantes. Soit une assurance faite par Pierre sur la tête de Paul; les fausses déclarations, les manœuvres frauduleuses faites par Paul pour déterminer le consentement de l'assureur resteraient donc sans influence sur le contrat passé entre Pierre et l'assureur, à moins que Pierre, le stipulant, ne s'y soit associé. Ce serait donc encore pour la compagnie une preuve difficile à administrer, mais que l'article 1er de la police lui évite en posant le principe que les déclarations du tiers assuré servent de base au contrat d'assurance, comme celles du contractant lui-même. Par conséquent, le dol commis par Paul, tiers assuré, sera une cause de nullité de la convention, sans qu'il y ait à rechercher si le contractant, Pierre, s'en est ou non rendu complice.

Ainsi donc la règle tripartite établie par l'article 1116 subit une triple dérogation du fait de notre article 1er. Mais en dehors des clauses de la police, le droit commun reprend tout son empire et notamment la question se pose de savoir si la nullité pour dol sera opposable non seulement à l'assuré, mais encore à ses ayants cause. Des auteurs, s'appuyant sur la théorie qui voit dans l'action en nullité pour dol plutôt la forme d'une action en indemnité qu'une action fondée sur un vice du consentement, ont prétendu que seul l'auteur du dol peut être tenu à le réparer : ses ayants cause à titre particulier, à la condition d'être de bonne foi, ne sauraient être touchés par la nullité. Mais alors même qu'on assignerait ce point de départ à l'action en nullité pour dol, ce raisonnement serait inexact. Du moment que l'on se trouve dans des conditions juridiques telles, que le droit d'un des contractants est affecté d'un vice et soumis à une chance d'annulation, la transmission de ce droit ne saurait faire évanouir le vice ; *nemo dat quod non habet*. Nous croyons donc que, sans avoir à rechercher le fondement de l'action en nullité pour dol, nous pourrons tirer un argument d'analogie de l'article 2125 du Code civil : celui dont le droit est suspendu par une condition, résoluble ou sujet à rescision, ne peut transmettre qu'un droit soumis aux mêmes éventualités. Ainsi, dans notre matière, la compagnie pourra repousser, qu'ils aient ou non pris part au dol, le bénéficiaire désigné dans la police ou le cessionnaire du contrat.

Toutefois, en ce qui concerne le cessionnaire, on a voulu établir une distinction selon qu'on se trouve en présence d'un cessionnaire à titre gratuit ou d'un cessionnaire à titre onéreux. Dans tous les cas, le cessionnaire à titre gratuit serait passible de l'exception de dol qui dérive de la personne du cédant. Au contraire, le cessionnaire à titre onéreux pourrait être justement soustrait aux effets de la nullité pour dol parce qu'il risque de perdre ; il faudrait donc, d'après M. Labbé, prouver la mauvaise foi du cessionnaire à titre onéreux pour pouvoir lui opposer la nullité pour dol. Le fondement de cette distinction est sans doute équitable. Mais, en raison, quelle influence peut avoir la bonne ou la mauvaise foi du cessionnaire sur la qualité du droit qui lui est transmis ? Si ce droit est infecté d'un vice, le cessionnaire l'acquiert tel : sa bonne foi ne peut, croyons-nous, suffire à purger le droit de la cause de nullité qu'il porte en soi.

B. — *L'assureur allègue que son consentement a été vicié par une erreur.*

L'interprétation que nous avons donnée de l'article 318 fait pressentir la solution que nous croyons devoir adopter. L'erreur de l'assureur diminue l'opinion du risque, et cette opinion du risque c'est la substance même en matière d'assurance. Une déclaration simplement inexacte, un silence dépourvu d'intention frauduleuse pourront donc servir de base à une action en nullité pour erreur sans dol, nullité relative à l'assureur dont le consentement est entaché d'un vice.

Cette théorie, qui est admise par un grand nombre d'auteurs, a été consacrée plusieurs fois par la jurisprudence, et adoptée par plusieurs législations étrangères. L'exposé des motifs de l'article 348 lui est éminemment favorable. Suivant le conseiller d'État Corvetto, l'erreur dans l'opinion du risque empêcherait la volonté des parties de se rencontrer. « Le consentement de l'assuré porterait alors sur un objet, et celui de l'assureur sur un autre ». Il n'y aurait donc même point de consentement, et la nullité serait absolue. Nous ne saurions aller aussi loin : sauf le cas d'erreur sur l'identité même des choses assurées, il y a bien eu consentement, mais un consentement vicié. L'article 348, sans distinguer suivant que l'assuré est de bonne ou de mauvaise foi, trouve son application chaque fois qu'il se rencontre soit une déclaration non conforme à la vérité, soit une omission sur un point que l'assureur avait intérêt à connaître, et que cette déclaration ou cette omission ont eu pour effet de vicier le consentement de l'assureur.

Cette théorie soulève des objections dont on ne saurait méconnaître la gravité. Un de nos éminents maîtres, M. Chavegrin, les a résumées avec une grande force : « Traiter la bonne foi comme le dol,

annuler l'assurance, assimiler l'honnête homme qui
se rajeunit par erreur, ou qui ne révèle point sa maladie parce qu'il n'a pu la connaître et qu'elle a même
échappé au médecin examinateur, au spéculateur
indélicat qui ment pour réaliser un profit, ce serait
méconnaître l'équité la plus élémentaire. Ce serait
aussi consacrer un résultat peu favorable au développement de l'assurance. Si le proposant, qui ne
cache rien de ce qu'il sait et peut savoir, court, malgré sa loyauté, le danger d'une annulation, beaucoup
hésiteront à traiter. Il serait donc à la fois juste et
politique de restreindre aux cas de mensonge ou d'inexactitude non excusables la nullité de la convention ».

Ces arguments ont été de nature à faire impres-
sion sur la jurisprudence, et les tribunaux ont une
tendance à juger que la bonne foi excusable de l'assuré doit faire écarter la nullité (1).

Faisons donc pour un instant abstraction de la
théorie que nous avons présentée, et voyons les systèmes proposés pour la remplacer. L'interprétation
à donner à l'article 348 est la clef de ces systèmes.

Aux yeux de M. Labbé, l'article 348 a un sens
non équivoque, il fait allusion à la mauvaise foi : il
applique au contrat d'assurance le principe de la nullité pour dol, quelle que soit la gravité de l'erreur

_____

(1) *Journal des Ass.*, 1885, p. 624. — 1889, p. 15. — *Réc. pér.
des Ass.*, 1891, p. 132.

causée par ce dol. Si, en dehors de tout dol, on se trouve en présence d'une faute, d'une erreur commise de bonne foi, on ne peut en faire découler qu'un principe de dommages-intérêts. Tout au plus pourrait-on appliquer l'article 318 au cas de faute lourde assimilée normalement au dol.

M. Chavegrin a repris la critique de l'interprétation donnée à l'article 318 en faisant remarquer que le législateur français parle simplement de réticence et de fausse déclaration. Or, la réticence, d'après le dictionnaire de Littré, c'est la suppression ou l'omission volontaire d'une chose qu'on devrait dire. Quant à la déclaration fausse, c'est celle qui intentionnellement altère la vérité; sans ce caractère intentionnel, la déclaration n'est qu'inexacte. L'article n'aurait donc en vue « que le silence calculé et les déclarations volontairement contraires au fait » et il faudrait le mettre de côté pour régler les conséquences de réponses inexactes. On retomberait alors dans le droit commun en matière d'erreur. L'erreur serait une cause de nullité de l'assurance quand elle aurait porté sur une qualité tellement importante aux yeux de l'assureur qu'il n'aurait pas traité s'il avait su qu'elle faisait défaut. Ainsi, la compagnie dans cette doctrine pourra invoquer la nullité si elle a cru à l'existence d'un état de fait modifiant l'opinion du risque, et que cette erreur l'ait seule décidée à contracter. A la différence de ce qui se passerait en cas de dol, l'assureur n'obtiendrait pas la nullité pour toute inexactitude préjudiciable dans l'indication de l'âge, pour toute maladie non déclarée et susceptible d'abréger la vie. Il faudrait qu'il établit qu'il a cru à l'âge assurable une personne qui l'avait dépassé, ou que la maladie non déclarée était de celles qui, connues par lui, forment obstacle à la conclusion de toute assurance.

Faisons tout de suite remarquer la difficulté de la preuve que l'on demande à la compagnie de rapporter. Elle ne pourrait établir que, dans des affaires antérieures, la constatation de la maladie sur laquelle porte le débat a été pour elle un motif de refus des propositions ; en effet les documents des propositions sont secrets, la compagnie ne saurait les verser aux débats sans trahir ses devoirs professionnels. Les seules pièces qu'elle pourra donc produire en justice sont des instructions générales, des circulaires impersonnelles adressées aux agents, ou bien encore le modèle des questionnaires auxquels doit répondre tout proposant. Mais, en pratique, une pareille justification serait presque toujours impossible et donnerait en tous cas naissance à une foule de difficultés.

Quoi qu'il en soit, c'est la base même du système que nous ne pouvons admettre. L'article 348 ne distingue ni fraude, ni ignorance : il permet d'annuler l'assurance par cela seul que l'assureur a été trompé dans l'appréciation du risque qui est ici la substance même du contrat. C'était le principe admis dans l'ancien droit (1) et confirmé par les travaux préparatoires : celui qui, soumis à des risques particuliers qu'il connaît ou devrait connaître, ne les déclare pas, met à la charge de l'assureur un risque différent de celui que ce dernier avait en vue ; donc le contrat est nul.

Cette théorie a été sanctionnée par plusieurs des lois étrangères qui ont réglementé spécialement le contrat d'assurance.

L'article 9 de la loi belge du 11 juin 1874 décide textuellement : « Toute réticence, toute fausse déclaration de la part de l'assuré, *même sans mauvaise foi*, rendent l'assurance nulle lorsqu'elles diminuent l'opinion du risque ou en changent le sujet, de telle sorte que l'assureur, s'il en avait eu connaissance, n'aurait pas contracté aux mêmes conditions ». Ainsi, toute déclaration fausse ou inexacte, toute réticence annulent le contrat et la circonstance que l'assuré était de bonne foi doit être indifférente.

En Allemagne, les articles 810 et 813 du Code de commerce, applicables aux assurances terrestres, prononcent la nullité du contrat pour toute déclaration inexacte, volontaire ou involontaire, faite de bonne ou de mauvaise foi.

(1) Emerigon, ch. I, sect. V, § 3.

Il nous reste à examiner la question de savoir si le contrat est annulable alors que la réticence ou la fausse déclaration ont porté sur un mal autre que celui qui, en fait, a déterminé la mort de l'assuré. De nombreux auteurs décident que la nullité s'évanouit lorsque la mort est due à une cause autre que la maladie niée ou cachée par l'assuré. Mais c'est à bon droit qu'on a reproché à cette opinion de s'appuyer sur un vague sentiment d'équité, et non sur des raisons juridiques. L'article 318, § 2, est, en effet, formel. « L'assurance est nulle, même dans le cas où la fausse déclaration n'aurait pas influé sur le dommage ou sur la perte de l'objet assuré ». Ainsi donc l'action en nullité survit à la perte provenant d'une cause autre que celle sur laquelle la dissimulation a porté, et ce principe doit être étendu à toute assurance.

D'ailleurs, pour apprécier l'existence d'une nullité, c'est au moment même de la formation du contrat qu'il faut se placer. Sans doute, quand il s'agit d'une nullité relative, elle peut se trouver couverte par un événement postérieur, mais à la condition, bien entendu, que cet événement fasse disparaître le vice qui affectait le contrat; or, comment la perte par accident réparerait-elle le vice primitif de l'erreur ou du dol? Depuis la conclusion de l'assurance, la compagnie, dans notre hypothèse, a en réalité couru des risques auxquels elle ne savait pas s'exposer ; son consentement n'a pas été libre ; renseignée exactement, elle n'aurait pas conclu le contrat. La nullité doit donc être prononcée.

Quelles sont maintenant les conséquences de la nullité prononcée?

Le contrat est annulé. L'obligation de la compagnie de payer le capital assuré se trouve résiliée: mais quel est le sort des primes payées par l'assuré?

Des lois étrangères, et notamment la loi belge de 1874, ont établi une distinction selon que l'assuré était ou non de bonne foi. Article 10 : « Dans tous les cas où le contrat d'assurance est annulé en tout ou en partie, l'assureur doit, si l'assuré a agi de bonne foi, restituer les primes soit pour le tout, soit pour la partie pour laquelle il n'a pas couru de risque ». — Article 11 : « Si le contrat est annulé pour cause de dol, fraude ou mauvaise foi, l'assureur conserve la prime, sans préjudice de l'action publique ».

Que devrions-nous décider dans le silence de la loi française, et en faisant abstraction des clauses que peuvent contenir les polices à ce sujet? L'assureur, pourrait-on dire, a commencé à recevoir les primes, il a commencé en même temps à courir les risques; le montant des primes correspondant aux risques ne se trouve donc pas sans cause entre ses mains; en conséquence, elles ne sont pas sujettes à restitution (Paris, 12 février 1878).

Ce raisonnement, nous semble-t-il, serait exact s'il s'agissait d'une assurance valable à son origine, mais devenue résoluble par suite d'un événement postérieur, par exemple d'une aggravation de risques provenant du fait de l'assuré. Dans cette hypothèse, la nullité prononcée fait seulement cesser pour l'avenir les effets du contrat ; mais le risque a bien été couru par l'assureur, la prime n'est donc pas sans cause entre ses mains, l'obliger à la restituer serait le priver du bénéfice légitime du contrat qu'il a pour sa part loyalement exécuté. Mais, dans le cas qui nous occupe, nous pensons que, le contrat étant entaché dès sa naissance d'un vice originaire, l'assureur pouvant par conséquent à toute époque en faire prononcer la nullité, il n'y a eu en réalité pour cet assureur d'autre risque de couru que celui de ne pas découvrir la cause de nullité ; ce n'est pas un tel risque que la prime avait pour but de couvrir. La compagnie ayant la faculté de faire anéantir l'assurance ne se trouvait pas en réalité dans l'obligation de payer le capital assuré. La nullité prononcée remet les choses au même point que s'il n'y avait jamais eu d'assurance ; les primes devront donc être restituées. Toutefois la compagnie, à charge de justifier du préjudice que lui cause cette annulation et des frais faits par elle pour réaliser cette affaire, pourrait se faire allouer des dommages-intérêts qui se compenseraient avec les primes à restituer.

La plupart des polices contiennent sur ce point des clauses particulières qui devront être exécutées, la convention faisant loi entre les parties. Quelques-unes accordent la restitution, sauf de la première prime. L'article 1ᵉʳ, § 1, de notre police, *in fine*, porte expressément que les primes payées demeurent acquises à la compagnie. C'est là une clause pénale valablement stipulée et que les tribunaux ne peuvent qu'appliquer.

Comme toute nullité relative, la nullité d'une assurance pour réticence ou fausse déclaration est susceptible d'être couverte. Conformément au droit commun, elle peut l'être soit par la confirmation, soit par la prescription. La confirmation sera expresse ou tacite, par exemple si l'assureur, en connaissance de cause, exécute le contrat. Quant à la prescription, ce sera celle de l'article 1304; l'action en nullité sera éteinte lorsqu'il aura couru un délai de 10 ans du jour de la découverte du dol ou de l'erreur.

La théorie que nous venons d'exposer offre sans doute, au point de vue de l'assurance en général, une grande supériorité sur les systèmes que l'on a imaginés pour la combattre. Étant donné la situation toute spéciale faite à l'assureur en matière d'assurance sur la vie, elle seule est efficace pour garantir la sincérité d'un contrat essentiellement de bonne foi ; bien plus, elle est indispensable pour sauvegarder l'assureur des conséquences ruineuses auxquelles l'entraînerait l'erreur dans laquelle il serait induit pour l'appréciation des risques. Aussi l'avons-nous vue consacrée formellement par plusieurs des législations étrangères qui ont réglementé notre contrat.

Il ne faut pas se dissimuler toutefois que cette menace de nullité est de nature à alarmer des assurés d'une parfaite honnêteté qui peuvent se demander avec anxiété si, malgré leur entière bonne foi, toutes leurs déclarations ont bien été exactes. Un contrat poursuit son cours pendant plusieurs années avec toutes les apparences de la validité, les primes sont payées régulièrement, acceptées à chaque échéance par l'assureur : puis un beau jour celui-ci découvre un fait qu'il aurait pu avoir intérêt à connaître et qui n'a pas été déclaré : l'assurance est annulable. Cette solution, si juridique qu'elle soit, est peu propice au développement de l'assurance ; sans doute elle est essentiellement favorable à l'assureur, mais il ne faut pas perdre de vue non plus l'intérêt de l'assuré, et d'autre part il est indispensable de mettre les bénéficiaires ou les cessionnaires d'un contrat, qui doivent compter sur sa validité, à l'abri des contestations qui se produiraient après le décès de l'assuré.

Un auteur suisse, M. Rehfous, étudiant les principes à édicter à la base d'une loi fédérale sur le contrat d'assurance sur la vie, estimait qu'il y aurait lieu de fixer un délai passé lequel l'action en nullité pour réticence ou fausses déclarations ne serait plus recevable. Il proposait de fixer ce délai à 10 ans, comme le délai normal de la prescription en notre matière.

La jurisprudence semble se montrer favorable à cette manière de voir. Un arrêt de la Cour de Paris du 12 janvier 1891, que nous avons déjà cité, décide que la présomption d'une fraude ou d'une réticence sur l'état de santé de la personne qui a contracté une assurance est difficilement admissible, lorsqu'il s'est écoulé un long espace de temps (sept ans dans l'espèce) entre la date de la souscription de la police et celle du décès de l'assuré.

Les grandes compagnies françaises sont entrées résolument dans cette voie, et dans un esprit de justice et de libéralité que leurs nouveaux assurés ne manqueront pas d'apprécier, elles ont inséré dans l'article 1er de leur nouvelle police la clause suivante : « Toutefois, après *cinq années entières* écoulées depuis la souscription de l'assurance, les dispositions du paragraphe ci-dessus ne pourront plus être invoquées par la compagnie ». L'expérience des assureurs leur a démontré que c'était surtout pendant les premières années que les sinistres venaient leur marquer les affaires acceptées grâce à des réticences

ou des fausses déclarations ; ils ont voulu donner
toute sécurité à leurs assurés et écarter les légitimes
appréhensions du plus grand nombre en faisant
abstraction, après un certain délai, de la mauvaise
foi de quelques-uns. Quand le contrat aura duré cinq
ans, la compagnie, par sa propre renonciation, aura
perdu le droit de demander la nullité pour réticence
ou fausse déclaration. Avec cette importante atténuation disparaissent les critiques que l'on pouvait élever pratiquement contre notre théorie.

CHAPITRE II

PAIEMENT DE LA PRIME.

La seconde obligation de l'assuré consiste dans le paiement de la prime. Pour faire partie de la mutualité gérée par l'assureur, il faut en effet que l'assuré verse sa part contributive dans le fonds destiné à couvrir les risques de l'année.

La prime est la cause de l'obligation de l'assureur ; pas de prime, pas d'assurance.

Nous avons indiqué précédemment que cette prime devait exprimer le degré de probabilité du risque, c'est-à-dire qu'elle devait être calculée d'après la durée probable de la vie humaine à chaque âge différent.

Pour arriver à déterminer le taux de la prime qu'il doit exiger du preneur d'assurance, l'assureur doit donc, en premier lieu, adopter une table de mortalité, qui lui fournisse, avec la plus grande exactitude possible, les dates probables de l'exigibilité des capitaux qu'il s'oblige à payer.

En second lieu il doit adopter, pour la capitalisation des primes, un taux d'intérêt voisin du revenu probable qu'il pourra tirer de ses réserves pendant la durée des contrats. L'importance de ce second élément se dégagera pleinement quand nous aurons exposé la théorie des réserves.

Enfin l'assureur a droit d'une part au remboursement de ses frais, d'autre part à un certain bénéfice, d'autant plus légitime qu'il court les risques de la gestion de grosses réserves. Il y aura donc lieu d'ajouter à la prime obtenue par la combinaison des deux éléments précédents une certaine majoration qui soit égale au montant des frais, augmenté du bénéfice à recueillir. En pratique, cette majoration a reçu le nom de *chargement*.

Jusqu'à ces derniers temps les compagnies françaises basaient leurs opérations d'assurances sur la table de mortalité de Duvillard ; cette table se rapprochait de celle employée en Angleterre pour le calcul des assurances en cas de décès, la table de Northampton. On savait que ces deux tables étaient rapides, c'est-à-dire indiquaient une mortalité supérieure à la mortalité générale, et l'on comptait sur l'écart constaté pour faire face aux frais généraux et recueillir un bénéfice.

Avec le temps et l'expérience lentement accumulée dans l'exercice de leur industrie, les compagnies se sont trouvées en mesure de recueillir des documents nombreux, et de classer méthodiquement leurs observations, de sorte qu'elles ont pu construire des tables de mortalité indiquant, avec une grande exac-

titude, les lois qui président à l'ordre des décès parmi
les assurés. C'est en se basant sur ces nouvelles tables de mortalité, désignées sous le nom de tables
A. F. (assurés français), que les compagnies françaises viennent de mettre en vigueur leurs nouveaux
tarifs qui avaient été approuvés par décret rendu le
1er juillet 1893, sur l'avis du Conseil d'État (1). La
table de mortalité indiquant à un âge donné la durée
probable de la vie de l'assuré, et le taux de capitalisation étant déterminé, on obtiendra la prime pure,
correspondant exactement au risque garanti ; à cette
prime pure on ajoutera ce que nous avons appelé le
chargement et l'on obtiendra la prime commerciale (2).

Ainsi donc à la suite des déclarations du proposant et de l'acceptation du risque par l'assureur, le
contrat d'assurance n'a pas encore d'effet ; il faut

(1) Pour compléter ces notions très succinctes voir les ouvrages
de M. Dormoy (*Théorie mathématique des assurances sur la
vie*), Béziat d'Audibert (*Théorie élémentaire des assurances sur
la vie*). V. aussi les articles de M. de Kertanguy dans le *Journal
des actuaires français*, 1874, 1876. On trouvera les nouvelles tables A. F (assurés français) et R. F (rentiers français) dans l'*An-
nuaire du bureau des longitudes* pour 1883.
(2) Nous ferons remarquer que la prime devant exprimer le degré d'intensité du risque devrait croître d'année en année en même
temps que les probabilités de décès. Pour éviter les inconvénients
d'un pareil système on a imaginé les *primes moyennes* ; on a uni-
formisé la prime dont le chiffre est fixé une fois pour toutes pour
la durée entière de l'assurance. Nous ne présentons ici qu'une
simple observation (voir sur ce sujet, *suprà*, 2e partie, ch. 1er).

que l'assuré paie la prime afférente à la première année. Ce principe, commun à toutes les assurances terrestres, est affirmé par les conditions générales des polices qui stipulent. « La police n'a d'existence et d'effet qu'après le paiement de la première prime ».

Déclarer que la police n'a pas d'existence avant le paiement de la première prime est peut-être aller un peu hardiment contre la vérité juridique des faits, car le contrat d'assurance est un contrat consensuel ; il existe donc dès l'instant où la volonté des parties s'est rencontrée. Ce n'est pas l'existence, c'est l'efficacité du contrat qui se trouve subordonnée à l'accomplissement de la condition. Même si la police était signée par les contractants, le contrat ne prendrait pas cours tant que le versement ne serait pas effectué, et l'assurance demeurerait sans effet si le décès survenait avant le paiement de la première prime.

Mais il peut arriver qu'en cas de retard dans le paiement de la première prime, le risque accepté par la compagnie se trouve aggravé entre la signature de la police et le versement ; puis la prime est payée sans que l'assuré prévienne la compagnie de cette aggravation. Le contrat sera-t-il annulable pour réticence ?

La Cour de cassation a jugé la négative et sa doctrine est inattaquable (30 avril 1884, S. 85, 1, 366);

vainement a-t-on prétendu que la police n'ayant d'effet qu'après le paiement de la première prime, ce serait seulement à ce moment que le contrat se formerait, et alors seulement qu'il faudrait se placer pour apprécier les causes de nullité et notamment les vices de consentement. Nous répondrons que c'est au moment de la signature de la police, de l'échange des consentements que la convention a pris naissance ; le paiement de la première prime n'est que la condition suspensive à laquelle est subordonné l'engagement de l'assureur ; dès l'instant que cette condition s'est réalisée en temps utile, elle rétroagit au jour de la formation du contrat ; c'est donc là et là seulement qu'il faut se placer pour examiner s'il y a eu réticence.

Aussi l'assureur agira-t-il prudemment en exigeant en même temps la signature et le paiement de la première prime. Si les circonstances le déterminent à accorder un délai à l'assuré, il fera bien de stipuler qu'en payant la prime cet assuré déclarera les modifications du risque et qu'à la sincérité de ces déclarations sera subordonné l'effet de l'assurance.

Le paiement de la première prime est donc obligatoire pour l'assuré ; au contraire le versement des primes suivantes est purement facultatif. Pour se rendre compte de ce principe, il faut observer que l'assurance en cas de décès se décompose théoriquement en une série d'assurances annuelles ; le contrat

se renouvelle tacitement chaque année, mais sans
que l'assuré soit tenu, à chaque renouvellement, d'accomplir les formalités qui lui ont été imposées lors
de la formation du contrat primitif. Le mécanisme
même de l'assurance concorde donc heureusement
avec les nécessités de la pratique et permet de leur
donner entière satisfaction ; en effet le contrat d'assurance et en particulier l'assurance en cas de décès
pour la vie entière serait irréalisable si l'assuré devait
s'obliger d'une manière définitive pour toute la durée
de son existence. Le père de famille qui a contracté
une assurance peut voir sa situation pécuniaire s'a-
méliorer de telle sorte que l'avenir des siens ne lui
cause plus aucune préoccupation ; au contraire ses
affaires peuvent péricliter au point de lui rendre onéreux ou même matériellement impossible le paiement des primes. Comme l'a très bien exposé M. Couteau « les situations se transforment trop dans le
cours d'une existence, pour qu'un pareil contrat pût
être fait si l'engagement était irrémédiable. L'assurance sur la vie répond à des nécessités qui peuvent
n'être que passagères. On connait les besoins du moment présent, il est impossible de prévoir ceux de
l'avenir. Ce qui s'offre naturellement à la pensée,
c'est de contracter une assurance pour un temps
limité, de la renouveler s'il y a lieu à sa volonté et
suivant les ressources dont on dispose et les intérêts
qu'on veut sauvegarder ». L'assuré sera donc tou-

jours libre de mettre fin à l'assurance qu'il a contractée en ne payant pas la prime afférente à la seconde
année, et à l'expiration de chaque période annuelle
il jouira de la même faculté.

Ce principe est ainsi consacré par l'article 3, § 2
de notre police. « Le paiement des primes autres que
la première étant toujours facultatif, la police ne
continue à avoir d'effet que si la prime (ou la fraction
de prime) a été acquittée à l'échéance, ou au plus
tard avant l'expiration des délais fixés au paragraphe suivant qui sont laissés à l'assuré pour manifester sa volonté d'acquitter ou non ladite prime ».

La prime doit être payée soit à l'assureur lui-
même, au siège de la compagnie, soit entre les mains
des personnes chargées d'en recevoir le montant et
d'en donner quittance. Aussi importe-t-il à l'assuré
de vérifier les pouvoirs de celui à qui il fait le paiement, car bien entendu, il ne serait pas libéré par
un versement effectué entre les mains d'une personne
qui n'aurait pas qualité pour le recevoir. Toutefois
il en serait autrement si l'assuré avait été induit en
erreur du fait de la compagnie, par exemple si elle
avait révoqué son agent, si elle avait restreint son
mandat sans le porter à la connaissance de ses assurés. Quoi qu'il en soit, il est stipulé dans les polices
que la quittance doit être signée du directeur de la
compagnie et lorsque la quittance régulière est en la
possession de l'assuré elle fait preuve du paiement.

C'est au preneur d'assurance qu'il appartient, en principe, de payer la prime convenue; toutefois le paiement effectué par un tiers agissant pour son compte, mandataire ou gérant d'affaires, serait parfaitement valable. Si le preneur d'assurance a un représentant légal, c'est par ce dernier que la prime sera acquittée; au cas d'interdiction par exemple, par le tuteur. Si l'assuré tombe en faillite, son représentant légal, le syndic, pourra seul payer la prime due; en effet à partir du jugement déclaratif, le failli dessaisi de l'administration de ses biens ne peut plus rien prélever sur son actif; il s'efface en quelque sorte derrière le syndic. Mais il faut décider que le syndic ne peut payer que dans l'intérêt du failli; il ne pourrait pas « se substituer au failli pour payer les primes et continuer de la sorte, au profit de la masse l'opération commencée par le débiteur ». Pour justifier cette distinction, nous remarquerons avec M. Lefort (1) que l'assurance sur la vie ne peut reposer sur la tête d'une personne que de son consentement; et que le droit étant attaché à la personne du failli, tant que son décès, condition de l'exigibilité du capital assuré ne s'est pas produit, les créanciers n'ont aucune espèce d'action, car la police d'assurance ne constitue par leur gage.

Le bénéficiaire lui-même, ou le cessionnaire pour-

---

(1) *Nouvelles études sur les assurances sur la vie*, p. 50.

raient-ils payer les primes ? Leur intérêt est évident puisqu'il s'agit pour eux du maintien du contrat dont ils doivent recueillir le bénéfice. La seule condition à exiger c'est que l'assuré ne s'y oppose pas, car c'est un principe admis en matière d'assurance, que nul ne peut avoir intérêt au décès d'une personne sans son consentement (1). Mais à moins d'une convention particulière avec la compagnie, l'assuré primitif demeure débiteur et seul débiteur des primes. Si les primes ne sont pas payées, c'est donc à l'assuré, son seul débiteur, que la compagnie devra adresser une mise en demeure. Elle n'a ni sommation, ni avertissement à envoyer au bénéficiaire ou au cessionnaire (2) qui ne se trouvaient pas obligés au paiement des primes. En conséquence, si la résiliation de l'assurance est prononcée dans ces conditions contre le preneur d'assurance, elle sera également opposable au bénéficiaire ou au cessionnaire qui ne sauraient avoir plus de droits que leur auteur.

Où la prime doit-elle être payée ? — Dans le silence des conventions et si l'on avait à appliquer le droit commun, ce serait, conformément à l'article 1217 du Code civil, au domicile du débiteur, c'est-à-dire de l'assuré, que devrait être fait le paie-

(1) V. sur cette question, ci-après, IIe partie, ch. 1er, § 7.
(2) A moins qu'il y ait eu notification de la cession à la compagnie et acceptation de la cession par cette dernière.

ment de la prime. Pour employer l'expression courante, la prime serait donc quérable.

Il faut remarquer cependant que nous nous trouvons en présence d'une situation toute particulière. Comme nous venons de le voir, le paiement des primes est entièrement facultatif pour l'assuré. Il n'est débiteur que s'il le veut bien, il n'est pas lié par une obligation. Ce serait donc à lui à manifester son intention de continuer l'assurance en venant effectuer le paiement de sa prime au siège de la compagnie. Ainsi, il semblerait conforme à la nature des choses que la prime fût portable, et c'est ce que stipulent la plupart des polices.

Nous lisons la clause suivante à l'article 2, § 3 de notre police : « Le paiement des primes doit être effectué, soit au siège de la compagnie, soit entre les mains des personnes chargées d'en recevoir le montant ».

La prime est donc stipulée portable. Mais alors intervient en pratique un élément dont nous devons tenir compte : c'est l'intérêt qu'ont les compagnies à voir maintenir leurs contrats ; intérêt existant d'ailleurs également pour le preneur d'assurance qui, ne se trouvant pas tenu par un lien de droit au paiement de la prime, pourrait soit par négligence, soit par oubli ne pas s'acquitter en temps voulu et se voir opposer la résiliation de l'assurance. Aussi les compagnies ont-elles pris l'habitude, lors de chaque échéance, de faire présenter la quittance au domicile de l'assuré, lui rappelant ainsi son contrat, et lui permettant de manifester son intention soit de maintenir l'assurance, soit de la laisser résilier.

Cet usage des compagnies ne modifie-t-il pas le caractère de portabilité des primes, et n'a-t-il pas pour effet de les rendre quérables ?

Deux systèmes se sont formés sur cette question.

Des auteurs (1) estiment qu'il faut faire une distinction : si la police n'indique pas l'endroit où la prime doit être payée, il faut s'en rapporter à ce qui se passe en pratique et qui révèle l'intention des contractants. Mais si la police stipule que les primes sont portables, c'est elle qui fait loi entre les parties, c'est de ses clauses seules qu'il y a lieu de tenir compte. Il ne faut voir dans l'usage de la compagnie de présenter les quittances à domicile qu'une démarche tout officieuse, uniquement dans l'intérêt de ses assurés, et qu'on ne saurait sans injustice retourner contre elle.

La jurisprudence a adopté le système opposé. Elle est actuellement fixée en ce sens que la prime d'assurance sur la vie, stipulée portable, devient quérable lorsque la compagnie, dérogeant aux stipulations du contrat, a pris l'habitude de faire encaisser les primes au domicile de l'assuré. Par cette pratique

(1) V. Herbault, *Traité des Ass. sur la Vie.*

l'assureur est censé renoncer à la clause exception-
nelle insérée dans la police et l'on retombe dans le
droit commun, mais à deux conditions : tout d'abord,
il faut que l'usage de la compagnie soit constant ; la
prime ne cesserait pas d'être portable si la quittance
n'a été présentée à domicile que par exception, alors
qu'au contraire l'assuré a été, à plusieurs reprises,
invité à venir payer sa prime à la caisse de la compagnie (1) ; en second lieu, l'assuré doit établir qu'il
a été dérogé à la clause de la police.

La prime doit être payée le jour même de l'é-
chéance. De ce jour en effet commence à courir une
nouvelle période d'assurance et la compagnie ne peut
supporter le nouveau risque si le paiement de la
prime correspondante n'est pas effectué. Pour qu'il
n'y ait pas d'interruption dans la garantie, il faut
qu'à aucun moment l'assureur ne se trouve lui-
même à découvert. Aussi certaines compagnies
étrangères n'accordent-elles même pas au preneur
d'assurance un délai de vingt-quatre heures.

En fait, les compagnies françaises sont loin de se
montrer aussi rigoureuses, et toutes accordent toujours un délai à leurs assurés. Voici ce que stipule,
à cet égard, l'article 3 de notre police, §§ 3 et 4 :

« À défaut de paiement dans les *trente jours* qui
suivent l'échéance, et huit jours après l'envoi par la

_____

(1) D. 1875, I, 9.

compagnie d'une lettre recommandée détachée d'un
livre à souche et contenant rappel de l'échéance, l'assurance est de plein droit résiliée, sans qu'il soit
besoin d'aucune sommation ni autre formalité quelconque, la lettre recommandée dont il vient d'être
parlé constituant, de convention expresse entre les
parties, une mise en demeure suffisante.

« Il est également de convention expresse entre
les parties qu'il sera suffisamment justifié de l'envoi
de la lettre recommandée au moyen du récépissé de
la poste, et du contenu de cette lettre au moyen de
la production du livre à souche mentionné ci-dessus ».

L'application de ces clauses n'est pas de nature à
soulever de difficultés, les conventions légalement
formées tenant lieu de loi entre les parties (art. 1131
et 1139).

Mais si l'on est d'accord pour admettre la validité
de clauses semblables lorsque la compagnie se conforme exactement à la clause attribuant à la prime
le caractère de portabilité, des dissentiments se produisent lorsque la prime est stipulée quérable, ou
qu'elle le devient, conformément à la jurisprudence,
par la pratique de l'assureur de faire encaisser régulièrement les primes à domicile, alors que la police
stipule qu'elles doivent être payées au siège social.

En effet, la clause que la résolution est encourue
de plein droit par le seul fait que l'assuré n'a pas

effectué le paiement dans le délai fixé suppose que la prime est portable. Dès lors, si la prime en fait est devenue quérable, faut-il admettre, par voie de conséquence, que l'assureur a entendu déroger également à la clause de résiliation de plein droit ?

Des auteurs soutiennent énergiquement la négative et la jurisprudence belge a adopté leur manière de voir. D'après la Cour de Bruxelles, « l'assureur qui a coutume de faire recevoir, en temps voulu, la prime au domicile de l'assuré, consent à une atténuation des obligations de l'assuré quant au mode et au lieu de versement ; mais cette atténuation n'autorise pas le débiteur à considérer comme annulée la clause qui règle les conséquences du défaut de paiement envisagé en lui-même (1) ». Il semblerait injuste en effet de faire tourner au détriment de l'assureur une démarche qui a pour mobile l'intérêt du preneur d'assurance ; la clause prononçant la résiliation de l'assurance pour défaut de paiement à l'époque fixée doit rester debout malgré l'abandon volontaire que fait l'assureur de la stipulation de portabilité de la prime. Les deux clauses sont parfaitement distinctes (2).

Ce système est défendu en France par M. Couteau.

(1) Cour de Bruxelles, 6 fév. 1884 (*Jurisp. du port d'Anvers*, 1884, p. 176). Il s'agit dans l'espèce d'une assurance contre l'incendie, mais la solution doit être étendue aux assurances sur la vie.

(2) Furquim d'Almeida, *Des Ass. sur la Vie.*

« Le lieu du paiement n'est que secondaire, le fait du paiement est de l'essence même du contrat. De ce qu'une clause est modifiée tacitement, si la suivante doit l'être également il faudrait dire que tout le contrat doit être considéré comme annulé. La convention subsiste donc toujours ».

La jurisprudence française est fixée en sens contraire, et elle décide que la dérogation apportée aux stipulations d'une police d'assurance sur la vie et consistant en ce que les primes stipulées portables sont, en fait, devenues quérables, s'étend nécessairement à la clause corrélative qui déclarait la police résiliée de plein droit, faute de paiement des primes dans les conditions indiquées par le contrat, et sans que la compagnie fût tenue à aucune signification ou mise en demeure (Cass., 30 août 1880).

Partant de ce principe, nous pouvons dégager de différents arrêts et jugements la doctrine suivante.

Par suite de la pratique de l'assureur, les clauses de la police ne peuvent plus recevoir d'application ; par conséquent les parties retombent sous l'empire du droit commun en ce qui concerne la résiliation du contrat. Nous restons donc en présence des articles 1184 et 1139 du Code civil ; l'article 1139 porte que le débiteur est constitué en demeure soit par une sommation, soit par autre acte équivalent, soit par l'effet de la convention lorsqu'elle porte que, sans qu'il soit besoin d'acte et par la seule échéance du terme, le débiteur sera en demeure. Ce dernier paragraphe se trouvant écarté, il en résulte que l'assuré ne pourra plus être mis en demeure que par une sommation ou par un acte équivalent.

Toutefois il ne faut pas perdre de vue que, si les formalités de l'article 1139 constituent le droit commun, ce ne sont pas des dispositions d'ordre public : la convention des parties peut y apporter des modifications. C'est donc valablement que l'on peut substituer, dans les clauses de la police, l'envoi d'une lettre recommandée à la signification d'un acte extrajudiciaire, à la condition cependant que cette lettre recommandée constitue réellement l'assuré en demeure ; une lettre chargée dans laquelle l'assureur se bornerait à notifier à l'assuré la résiliation du contrat ne pourrait, dans aucun cas, être considérée comme une mise en demeure régulière (1).

L'article 346 du Code de commerce, § 2, dispose, en matière d'assurance maritime, que l'assureur peut demander la résiliation du contrat en cas de faillite de l'assuré. On a voulu étendre cette solution à l'assurance sur la vie, en soutenant que la mise en faillite du preneur d'assurance, équivalant à une interpellation judiciaire, constituait pour lui une impossibilité absolue de payer les primes et dispensait la compagnie de toute mise en demeure. Mais cette

_____

(1) V. *Rec. pér. des Ass.*, 1881, p. 138 ; 1880, p. 263 ; 1883, p. 482 ; 1886, p. 517.

prétention a été rejetée à bon droit par la Cour
de cassation (Req., 22 avril 1879). En effet, les
créanciers de la faillite peuvent avoir grand intérêt
à maintenir l'assurance sur la tête de leur débiteur
et à continuer le paiement de ses primes. Ce n'est
pas à l'assureur qu'il appartient de se faire juge de
cet intérêt et de déclarer l'assurance résiliée. Le failli
étant dessaisi de l'administration de ses biens, c'est
le syndic de la faillite qui doit être mis en demeure
de payer les primes échues ; la mise en demeure du
failli lui-même ne saurait produire aucun effet juridique (1).

Il nous reste à examiner quelles sont les conséquences pour l'assuré du non-paiement de la prime
à l'échéance. Ces conséquences varient selon le nombre des primes payées.

« A défaut de paiement..... l'assurance est résiliée. L'assurance résiliée est de nul effet ou réduite
d'après la distinction établie en l'article suivant.

Art. 4. — La police est annulée et les primes
payées sont acquises à la compagnie, si les primes
des trois premières années n'ont pas été intégralement acquittées.

L'assurance est réduite si les primes des trois premières années au moins ont été intégralement payées.

(1) Paris, 5 mars 1873, D. 74, 2, 101.

La somme réduite reste payable au décès de l'assuré ».

L'explication de ces articles supposant des notions
que nous aurons à développer plus tard (1), nous
nous bornons pour l'instant à les reproduire.

(1) V. ci-dessous, IIe partie, ch. 1er, § 6.

CHAPITRE III

NON AGGRAVATION DES RISQUES.

L'obligation pour le preneur d'assurance de faire des déclarations exactes et celle de payer la première prime, que nous venons d'étudier, prennent naissance lors de la formation du contrat. Au cours du contrat, l'assuré est obligé, d'une part de payer les primes s'il veut maintenir la police en vigueur, de l'autre de ne pas aggraver le risque qu'il représente et que l'assureur a accepté de garantir. Nous arrivons maintenant à cette troisième obligation.

On doit entendre par aggravation des risques toute modification de nature à accroître les chances du sinistre. L'obligation n'est donc pas spéciale à l'assurance sur la vie, mais doit être étendue à toutes les opérations d'assurances.

La compagnie en acceptant l'assurance s'est basée, nous l'avons vu, sur les déclarations du proposant. Elle a tenu compte des circonstances multiples qui pouvaient influer sur ses chances de longévité, et elle a entendu ne prendre à sa charge que les risques ordinaires auxquels chacun de nous est exposé dans sa vie courante. De plus, la prime même qu'elle perçoit ne correspond qu'à un risque normal ; elle a été calculée « en tenant compte des probabilités des décès signalées par une table de mortalité qui, elle-même, est le résultat d'expériences fournies par des têtes placées dans des conditions d'existence normale (1) ».

Il est donc évident que, si l'assuré par son propre fait augmente, soit directement, soit indirectement ses chances de décès, la prime n'exprime plus le degré de probabilité du risque ; elle devient insuffisante en raison de l'intensité du péril. Il semble inutile d'appuyer ce principe par des exemples. « Il serait donc absolument contraire à l'équité qu'en présence d'une telle modification, introduite par l'un des contractants au préjudice de l'autre dans la situation qui a servi de base à la transaction, le contrat fût maintenu dans ses conditions premières (2) ».

Toutefois, il ne faudrait pas en conclure que la personne qui a souscrit un contrat d'assurance se trouve rivée au genre de vie qu'elle menait lors de la signature de la police, et que toute espèce de changement lui soit désormais interdit. Mais si ce changement présente de l'intérêt au point de vue de l'appréciation du risque, elle doit en avertir l'assureur et celui-ci consentira ou non à se charger d'un ris-

---

(1) Vermot, *Catéchisme de l'Assurance.*
(2) Vermot, *op. cit.*

que qui n'était pas primitivement prévu et à maintenir l'assurance.

Les législations étrangères relatives à notre matière ont confirmé unanimement ces principes ; seuls
les effets de l'aggravation du risque varient.

D'après le Code de commerce italien, article 451 :
« Les changements de résidence, d'occupation, d'é-
tat et de genre de vie de la part de l'assuré, ne font
pas cesser les effets de l'assurance, s'ils n'aggravent
pas les risques de telle sorte que l'assureur n'aurait
pas consenti au contrat, ou n'y aurait consenti que
sous d'autres conditions, dans le cas où les choses
auraient été dans cet état au moment où il a traité,
et si après avoir été averti du changement il n'a pas
demandé la résiliation du contrat ; s'il la demande il
doit restituer à l'assuré le tiers de la prime (1) ».

Le Code de commerce portugais, article 459, donne
une solution analogue ; en cas d'annulation, l'assureur est tenu de restituer la moitié de la prime perçue (2).

Ces deux législations déterminent donc la fraction
de la prime que l'assureur est autorisé à retenir
comme compensation du risque qu'il a couru jusqu'au
jour de la résiliation de l'assurance et pour se couvrir de ses frais de gestion.

Le Code prussien a cru devoir présenter une énu-

(1) *Répertoire général du droit français*, t. VI, p. 230.
(2) *Id.* — Voir aussi, *Code de commerce hongrois*, art. 502.

mération limitative de ce qu'il considère comme une aggravation de risques ; l'article 2152 cite l'abandon de l'Europe, la participation à une guerre et le voyage sur mer.

Cette énumération présente, croyons-nous, plus d'inconvénients que d'avantages ; les faits susceptibles de constituer une aggravation de risques sont essentiellement variés. C'est souvent une question d'appréciation qu'il appartient aux tribunaux de trancher en fait, en tenant compte des termes de la police ; leur interprétation à cet égard sera donc souveraine.

Nous distinguerons d'une part, les faits qui aggravent le risque au point d'amener immédiatement la réalisation du sinistre ; de l'autre, des circonstances qui, tout en augmentant dans certaines proportions les probabilités du décès, permettent néanmoins le maintien de l'assurance à des conditions spéciales que nous aurons à déterminer.

Dans la première catégorie, nous ferons rentrer les cas prévus par l'article 11 de la loi belge sur les assurances. Ce sont les cas où la mort de l'assuré provient d'un duel, d'un suicide ou d'une condamnation judiciaire, ou encore a pour cause immédiate un crime ou un délit commis par l'assuré.

Nous rangerons dans la seconde catégorie la profession de marin, le voyage et le séjour en pays étranger, la survenance d'une guerre.

FAITS QUI AGGRAVENT LE RISQUE AU POINT D'AMENER IMMÉDIATEMENT LA RÉALISATION DU SINISTRE.

§ 1er. — Duel.

La mort de l'assuré survenant à la suite d'un duel constitue évidemment un extra-risque que les parties ne pouvaient avoir en vue lors de la réalisation du contrat d'assurance. D'ailleurs, réputé fait délictueux, le duel ne doit pas être la source d'une action en faveur de ceux au profit desquels l'assurance a été souscrite ; c'est ce que l'on a fait valoir avec raison à la Chambre belge.

La compagnie n'entend prendre à sa charge que les risques fortuits auxquels l'assuré se trouve exposé comme la généralité des hommes ; elle ne peut garantir ceux qu'il crée, pour ainsi dire, et en se battant en duel, l'assuré s'expose à la mort de propos délibéré et volontairement. L'assureur se trouve donc dégagé de ses obligations si l'assuré est tué en duel. Les polices ont soin de le déclarer expressément.

Remarquons qu'il s'agit d'un fait pouvant tomber sous le coup de la loi pénale ; une compagnie étrangère ne pourrait donc pas plus assurer valablement le risque de duel en France qu'une compagnie française.

Toutefois, on a prétendu que ce n'était pas un risque inassurable ; dans l'état de nos mœurs, avec l'idée que l'on se fait du point d'honneur, le duel, a-t-on dit, est souvent une nécessité; n'est-il pas injuste de menacer l'homme qui va défendre l'honneur de sa famille de priver les siens de la ressource qu'il leur réservait s'il venait à disparaitre ; de plus, l'assuré, ajoute-t-on, ne recherche pas ici la mort comme dans le suicide, mais, au contraire, il défend sa vie. De plus, au point de vue professionnel, la statistique des duels est telle, que ce risque serait susceptible d'être garanti avec ou sans surprime. Seulement, pour éviter d'assurer un duelliste de profession au moment où il serait sur le point d'aller sur le terrain, on pourrait fixer un certain délai à l'expiration duquel seulement le risque de duel serait garanti.

Remarquons tout d'abord que cette question ne présente d'intérêt qu'en théorie, puisqu'en pratique les clauses des polices excluent le risque de duel. A l'objection de fait, nous répondrons que, s'il est des circonstances où le duel est honorable, il est aussi des cas où le suicide se présente à l'homme d'honneur comme une ressource suprême. Il faudrait donc assurer dans ce cas le risque de suicide, et cela avec d'autant plus de raison que le suicide n'est qu'une violation de la loi morale, tandis que le duel peut, indirectement il est vrai, constituer une infraction à la loi pénale. En outre, s'il est vrai que l'assuré défend sa vie dans le duel, il n'est pas moins vrai non plus qu'il s'expose à un risque anormal. Enfin, en droit, l'assurance du risque de duel serait, a-t-on dit, contraire au principe de l'article 1174 du Code civil. Nous croyons, quant à nous, que ce texte est inapplicable à notre matière. Il déclare en effet nulle l'obligation contractée sous une condition potestative de la part de celui qui s'oblige. Or celui qui s'oblige sous condition, c'est l'assureur ; c'est l'obligation de l'assureur qui est subordonnée à la réalisation d'une condition casuelle, le décès de l'assuré. Mais peut-être pourrait-on raisonner ainsi : La condition est réputée accomplie quand c'est le débiteur qui l'empêche de se réaliser (art. 1178) ; inversement ne doit-on pas la réputer non accomplie quand c'est le créancier qui, se substituant au hasard, la fait arriver.

Presque toutes les législations étrangères admettent ces principes et prononcent la déchéance des droits de l'assuré en cas de duel ; en Belgique l'article 11 de la loi de 1874, l'article 450 du Code de commerce italien, l'article 458 du Code de commerce portugais, l'article 424 du Code espagnol et l'article 575 du Code de commerce du Chili renferment des dispositions identiques.

L'article 501 du Code de commerce hongrois, de même que l'article 41 de la loi du 16 mars 1891 du grand-duché de Luxembourg, décident que l'assureur est libéré de ses obligations lorsque l'assuré est mort en duel ; mais ces deux législations admettent la validité d'une clause contraire.

§ 2. — Suicide.

C'est une idée que nous avons déjà exprimée à plusieurs reprises et sur laquelle nous devons encore insister, que l'assuré ne peut, par son propre fait, modifier le risque et faire dépendre de sa seule volonté ce qui, dans l'intention des parties, devait résulter du hasard seul. L'assuré qui se suicide transforme une condition casuelle en une condition purement potestative ; il prive ainsi la compagnie des chances de vie sur lesquelles elle devait normalement compter. C'est donc légitimement que les polices prononcent d'une manière formelle l'exclusion de ce risque et la déchéance des bénéficiaires de l'assurance.

Mais il y a plus : nous estimons qu'il s'agit d'une disposition d'ordre public et qui devrait être suppléée dans le silence des conventions.

Cette exclusion du suicide figure, d'ailleurs, dans les polices de la plupart des compagnies et le gouvernement français refuserait, croyons-nous, son autorisation aux compagnies qui prétendraient assumer la responsabilité du suicide.

Dans cette opinion on ne saurait donc admettre en

France la validité des clauses de polices étrangères garantissant ce risque. L'ordre public et la morale non moins que la nature même du contrat s'opposent à valider une convention maintenant l'assurance en cas de suicide. Nous ferons remarquer d'ailleurs que plusieurs compagnies étrangères opérant en France étendent par leurs conditions générales leur garantie au risque de suicide. Mais, à notre connaissance, les tribunaux français n'ont pas eu à se prononcer sur la validité de cette clause.

Quoi qu'il en soit, pour que le suicide soit susceptible de donner lieu à la résiliation d'un contrat d'assurance sur la vie, il faut qu'il dépende bien de l'assuré lui-même, qu'il constitue une faute de sa part, qu'il revête ce caractère potestatif qui est à lui seul une cause de nullité de l'obligation. Tout suicide n'aura donc pas cet effet, mais seulement le suicide volontaire et conscient. La matérialité du fait étant constatée, il restera à rechercher scrupuleusement la preuve de la libre volonté pour bien déterminer la portée du suicide. Si l'assuré a attenté à ses jours inconsciemment, dans un accès d'aliénation mentale, on n'est plus en présence que d'un cas fortuit, d'un effet du hasard qui pouvait rentrer dans les prévisions de l'assureur, et qui, loin d'entraîner la déchéance du contrat, ne fait que donner naissance à l'obligation de l'assureur.

Aussi a-t-on voulu soutenir qu'en aucun cas la

responsabilité de l'assureur ne venait à cesser par
suite du suicide, parce qu'en aucun cas le suicide ne
serait un acte conscient. Tout individu qui se suicide, ont prétendu certains aliénistes, ne jouit pas
de l'intégrité de ses facultés mentales ; il meurt victime d'une affection cérébrale qui ne peut être pour
l'assureur une cause de libération. Cette opinion est
écartée par les statistiques de la pathologie médicale établissant que sur 100 suicidés, 20 ou 30 seulement peuvent être imputés à des maladies cérébrales ;
le plus souvent, au contraire, bien des gens qui se
suicident conservent jusqu'au dernier moment leur
sang-froid et leur liberté morale, de sorte qu'il est
impossible de déclarer que le suicide fait présumer
la folie. Les considérants d'un arrêt de la Cour de
Lyon du 17 février 1891 mettent fortement cette
idée en lumière. « Le suicide ne dénote pas nécessairement un trouble de la raison et peut même être
le résultat d'une volonté bien arrêtée et réfléchie.
Cet acte fortement réprouvé par la morale, comme
une désertion du devoir de vivre, laisse subsister dans
toute sa plénitude le libre arbitre de son auteur : admettre *a priori* l'inconscience du suicide, ce serait
excuser, par là même, toutes les défaillances de la
concience humaine ».

Nous avons donc jusqu'ici établi deux points :
d'une part, que le suicide prouvé dégage la compagnie de ses obligations, d'autre part, que cette libé-

ration n'est attachée qu'au suicide volontaire et conscient, le seul qui constitue véritablement une aggravation de risque provenant du fait de l'assuré ; si nous nous trouvons, au contraire, en présence d'un suicide irréfléchi, inconscient, d'un acte de démence, la clause de déchéance doit rester sans effet. Ces principes sont certains, mais leur application donne naissance à une question de preuve des plus délicates et qui a partagé la jurisprudence et les auteurs.

Étant donné que le suicide inconscient laisse subsister l'obligation de l'assureur et le droit des bénéficiaires, est-ce à la compagnie de prouver que l'assuré s'est donné la mort volontairement et librement, ou bien, au contraire, est-ce aux bénéficiaires à établir qu'il s'est tué dans un accès d'aliénation mentale ?

D'après la jurisprudence, c'est à la compagnie à prouver la conscience de l'assuré (1). L'assureur s'est engagé, en cas de mort, à payer le capital ; donc, au décès de l'assuré, son obligation prend naissance, en même temps le bénéficiaire acquiert sur le capital assuré un droit subordonné à la seule preuve du décès de son auteur. Cette preuve une fois rapportée, on ne saurait rien exiger de plus de ce bénéficiaire ; si l'assureur se prétend libéré, alléguant que l'assuré s'est suicidé volontairement, qu'il le

(1) D. 77, 2, 132; *Rép. pér.*, 1891, 192; S. 1891, 2, 115; D. 1892, 2, 40; D. 1893, 2, 233.

prouve. C'est l'application de l'article 1315, § 2. En d'autres termes, la règle, en cas de mort de l'assuré, c'est l'obligation de l'assureur ; l'exception c'est sa libération. Si l'assureur se prétend libéré, c'est à lui qu'il appartient de le prouver ; or, il n'est libéré que si le suicide est volontaire. Il ne lui suffit donc pas de prouver un suicide quelconque, puisque tout suicide n'entraîne pas sa libération, il faut encore qu'il établisse que c'est consciemment et volontairement que l'assuré s'est donné la mort.

Ce système, combattu par les auteurs (1), nous parait reposer sur une confusion de mots et sur une analyse superficielle de la manière dont s'administre la preuve : résumons brièvement les principes de notre matière : « C'est au demandeur à faire la preuve. Quand la preuve de la demande une fois faite, l'autre partie allègue à son tour, soit une défense proprement dite, soit une exception, c'est à elle à justifier du fait sur lequel elle s'appuie. Si le demandeur primitif réplique à son tour, ce sera à lui à prouver que sa réplique est fondée, et ainsi de suite jusqu'à l'infini. En un mot, quiconque allègue un fait nouveau contraire à la position acquise de son adversaire, doit établir la vérité de ce fait (2) ».

L'assureur invoque le suicide comme cause de délivrance ; c'est à lui à le prouver : le suicide une fois

---

(1) Herbault, n° 178 ; Couteau, n° 300.
(2) Bonnier, *Traité des preuves*, 5ᵉ éd., n° 35.

établi, l'assureur est libéré ; si le bénéficiaire réplique et invoque comme exception l'inconscience de
l'assuré, c'est à lui qu'il appartient d'en faire la
preuve.

Suivant la saisissante expression de Demolombe (1), « la partie qui entend changer la situation
acquise de l'autre partie doit, s'il est permis de dire
ainsi, la débusquer de cette situation, de telle sorte
qu'elle ne puisse s'y maintenir qu'en fournissant
elle-même une preuve de nature à détruire la preuve
qui a été fournie contre elle ». Selon nous, la compagnie a une situation acquise dès qu'elle a prouvé le
suicide ; pour que le bénéficiaire la débusque de cette
position, il faut à son tour qu'il fournisse la preuve
que le suicide a été inconscient, involontaire, et ne
peut par suite entraîner la déchéance. L'opinion que
nous combattons commet donc une véritable pétition
de principe en exigeant de l'assureur la preuve que
le suicide était volontaire ; c'est précisément là toute
la question. C'est la faute de raisonnement dans laquelle est tombé l'arrêt de la Cour de Paris du 30 novembre 1875 (2). Nous lisons, en effet, dans les
considérants : « .... le suicide, soit qu'on s'attache
au sens étymologique du mot (*sui cœdere*, meurtrier de soi), soit que l'on s'attache au sens que lui
donnent à la fois le langage ordinaire et le langage

(1) *Traité des contrats*, t. VI, n° 191.
(2) D. 77, 2, 132.

juridique, est l'action de celui qui s'est donné volontairement la mort, sachant qu'il se la donnait et ayant pleine connaissance de cette action ». Or c'est là une pure affirmation et une affirmation complètement erronée. En effet, si nous nous en rapportons au dictionnaire de Littré, ou à celui de l'Académie, le suicide est, dans le langage ordinaire, l'action de celui qui se tue lui-même. Dans le langage juridique, Merlin, dans son répertoire, donne du suicide la même définition et, de plus, le célèbre jurisconsulte a bien soin de distinguer « ceux qui se tuent étant en démence, ou même qui sont sujets à des égarements d'esprit ». La jurisprudence dénature donc le sens du mot suicide et commet un véritable abus de mots en prétendant y impliquer l'idée de volonté. Mais il y a plus : prétendre exiger de la compagnie la preuve non seulement du suicide mais encore du suicide volontaire, c'est exiger en réalité de l'assureur une double preuve, c'est confondre l'exception avec la réplique, c'est méconnaître ainsi les principes posés en matière de preuve. C'est à la partie adverse à combattre, si elle le peut, par une réplique l'exception opposée par son adversaire, ce n'est pas à ce dernier à prévoir et à réfuter à l'avance toutes les objections que l'on peut faire à sa défense. « Ni l'une ni l'autre des parties, dit Demolombe, n'est tenue de prouver que l'adversaire n'a pas de moyen pour repousser sa prétention, ceci re-

garde l'adversaire une fois que la preuve a été faite
« contre lui (1) ».

Le système suivi par la jurisprudence nous paraît
donc contraire à la réalité des faits et à la véritable
interprétation des principes du droit.

On peut se demander quels seraient les droits de
l'assureur en présence d'une tentative de suicide de
l'assuré. Pourrait-il s'en prévaloir pour demander la
résiliation de l'assurance? La question doit se résoudre par une distinction : si la tentative de suicide n'a
porté aucune atteinte à la santé de l'assuré, elle reste
sans influence sur l'obligation de la compagnie ; mais
si, au contraire, elle a entraîné des suites graves,
alors le risque se trouve aggravé par la faute d'une
des parties, l'autre doit donc être libérée.

C'est en s'inspirant de cette idée qu'un jugement
du tribunal civil de la Seine du 1er avril 1889 (2) a
décidé que la compagnie ne saurait davantage, après
la mort de l'assuré, être admise à se prévaloir de la
tentative de suicide pour demander la résiliation de
l'assurance, et n'être tenue que de la valeur du rachat. Pour se soustraire à son obligation, la compagnie allègue, en effet, qu'il y a eu augmentation du
risque provenant du fait de l'assuré ; or, la mort de
l'assuré une fois survenue, comment apprécier l'aggravation du risque qu'a pu causer antérieurement

(1) V. Aubry et Rau, t. VIII, 8, 749.
(2) *Rec. pér.* 1889, p. 40.

la tentative de suicide; il ne s'agit plus de régler l'avenir.

On s'est demandé si l'on ne pouvait pas assimiler au suicide le décès survenu à la suite du secours prêté à son semblable. Des auteurs estiment qu'il y aurait là une question de fait et d'appréciation; il faudrait distinguer si l'assuré était dans l'obligation morale d'affronter le péril ou si, au contraire, il ne s'y est pas exposé inutilement et imprudemment; dans cette dernière hypothèse la compagnie serait libérée. Nous ne saurions approuver cette distinction et nous estimons d'une façon générale que la responsabilité de l'assureur est engagée. On ne saurait dans une matière aussi délicate se livrer à une interprétation raisonnée des faits; le sentiment du devoir en présence du danger varie selon les individus, mais de toute façon le dévouement de la victime ne saurait être assimilé à une imprudence (1).

Les législations étrangères prononcent également la résiliation de l'assurance en cas de suicide de l'assuré. L'article 450 du Code de commerce italien a soin d'attacher cet effet au *suicide volontaire*, ce qui vient à l'appui du système que nous avons soutenu. Le Code de commerce portugais, article 458, s'exprime dans les mêmes termes. Le caractère immoral du

(1) V. un jugement du tribunal correctionnel de la Seine (11e ch.) du 7 août 1891, rendu en matière d'assurance accidents, mais dont les motifs s'appliquent aussi bien à l'assurance sur la vie.

suicide est affirmé par le Code de commerce hollandais, article 307, qui déclare l'assurance nulle si celui qui a fait assurer sa vie se rend coupable de suicide. Nous citerons enfin l'article 698 du Code de
commerce de la République argentine et l'article 575,
§ 1er, du Code de commerce du Chili.

En terminant nous devons indiquer quelles délicates questions matérielles de preuve on peut avoir
à résoudre quand on se demande si la mort de l'assuré est due ou non à un suicide. La jurisprudence
nous offre à maintes reprises l'exemple de suicidés
dont on retrouve dans l'eau les cadavres portant les
traces de blessures faites avec une arme. La mort
est-elle due aux blessures, ou bien l'assuré, après
une tentative de suicide, est-il tombé accidentelle-
ment à l'eau et s'est-il noyé? Bien des cas analogues
peuvent se présenter. La preuve est des plus diffi-
ciles, et souvent les enquêtes et les contre-enquêtes
demeurent sans résultat. Aussi croyons-nous que
cette considération pratique a influé sur l'opinion
des rares auteurs qui ont prétendu que le risque de
suicide devait être compris dans la garantie. Mais
la difficulté d'une preuve n'est pas une raison suffisante pour faire écarter un principe. Or, nous estimons qu'en matière d'assurance sur la vie c'est un
principe fondamental que l'assuré ne peut aggraver
le risque, et par son propre fait, en hâtant son décès,
modifier la convention qui fait dépendre le paiement

du hasard seul. D'ailleurs, ne serait-il pas « infini-
ment dangereux pour l'assureur et souverainement
immoral au point de vue social que tous les assurés
d'une compagnie aient la faculté de procurer à leur
famille un bénéfice immédiat et considérable en se
donnant la mort ? » (1)

§ 3. — Condamnation judiciaire.

Le même motif suffit pour annuler l'assurance
lorsque l'assuré subit la peine de mort à la suite
d'une condamnation judiciaire. Il a aggravé le risque par son propre fait, il s'est mis en dehors des
conditions du contrat, et de plus, il serait immoral
que la mort de l'assuré criminel puisse être pour ses
ayants droit la source d'un bénéfice ; cette perspective pourrait suffire dans certaines circonstances
pour déterminer quelqu'un à commettre un crime.

A l'hypothèse de la condamnation capitale, il faut
assimiler celle où l'assuré viendrait à trouver la
mort en commettant un crime ou un délit ; les mêmes motifs justifient cette extension.

Les principales législations étrangères consacrent
ces solutions.

L'article 11 de la loi belge de 1874 dispose que la
responsabilité de l'assureur cesse lorsque la mort

(1) Voir art. du Dr Lux, *Monit. des ass.*, année 1889.

de l'assuré résulte d'une condamnation judiciaire ou lorsqu'elle a pour cause directe et immédiate un crime ou un délit commis par l'assuré et dont il avait pu prévoir les conséquences ; mais il faut que la mort soit le résultat direct du délit et ait au moins une connexité évidente et nécessaire avec le délit lui-même (1).

Le Code de commerce italien, article 450, contient une décision analogue ; il dégage l'assureur de ses obligations, si la mort de la personne qui a fait assurer sa propre vie est arrivée par l'effet d'une condamnation judiciaire..... ou si elle a pour cause immédiate un crime ou un délit commis par l'assuré et dont il pouvait prévoir les conséquences. Les Codes de commerce espagnol, article 423, et portugais, article 458, écartent également le risque de décès par suite de condamnation judiciaire.

Ces clauses et dispositions sont heureusement d'une application fort rare et l'on a même soutenu que l'on pourrait sans inconvénient les supprimer, du moins en ce qui concerne le risque de mort par condamnation judiciaire. Au point de vue professionnel, l'aggravation du risque est négligeable ; au point de vue de l'ordre public, il est quelque peu puéril de prétendre que l'idée de priver les ayants droit du bénéfice d'une assurance arrêtera un assas-

(1) Rapport de M. d'Anethan.

sin. Quoi qu'il en soit, la question est sans intérêt pratique (1).

§ 4. — Sort des primes.

Dans ces différentes hypothèses, que la personne sur la tête de laquelle repose l'assurance perde la vie par suite de duel, de suicide ou de condamnation judiciaire, l'assurance est de nul effet, la compagnie est de plein droit déchargée de son obligation de payer aux bénéficiaires du contrat la somme stipulée.

Quant aux primes déjà payées, elles demeurent acquises à l'assureur.

Toutefois, la plupart des polices apportent des atténuations à cette rigueur et elles stipulent généralement que, si la police est en vigueur depuis trois ans au moins, autrement dit s'il a été payé trois primes annuelles, il sera tenu compte aux ayants droit de l'assuré de la valeur que la compagnie aurait payée si elle avait racheté le contrat la veille du décès.

(1) On a soulevé la question de savoir si la clause s'appliquerait aux victimes d'un pouvoir insurrectionnel, comme la Commune. Il faudrait répondre négativement.

AGGRAVATIONS DE RISQUES SUSCEPTIBLES D'ÊTRE COUVERTES PAR UNE SURPRIME.

§ 1. — Voyage et séjour à l'étranger.

Nous avons établi que la prime d'assurance a été calculée en tenant compte chez le proposant des conditions d'existence normale. Si ces conditions se trouvent manifestement bouleversées par l'intervention d'un danger spécial et permanent, comme celui qui résulte des voyages transatlantiques, du séjour à l'étranger dans des pays malsains, ou de la profession de marin, ou de l'état militaire en temps de guerre (1), la prime ne correspond plus au risque, le contrat doit être résilié de plein droit, à moins qu'il ne survienne un nouvel accord entre les parties, accord qui s'établit au moyen d'un avenant fait en double et signé des deux contractants, comme la police elle-même ; cet avenant fixe le montant d'une surprime annuelle qui est payable d'avance, et le risque n'est garanti qu'autant que cette surprime est encaissée.

Tel est le principe commun aux diverses situations qu'il nous reste à envisager, car à la différence des hypothèses précédentes, nous sommes maintenant en

(1) Vermot, *Catéchisme de l'assurance.*

présence d'aggravations de risques susceptibles d'être garanties par l'assurance à certaines conditions.

L'assuré qui a vécu en Europe et qui va s'exposer ensuite à des climats différents, dans des pays insalubres, peut-être parmi des peuplades sauvages, modifie évidemment les conditions du contrat qui a été fait et qui doit se trouver résilié. Les polices cherchent à déterminer par voie de limitation géographique quels sont les pays insalubres où il sera interdit à l'assuré de voyager ou de séjourner.

La nouvelle clause des polices du Comité fait aux assurés les conditions les plus larges dans ses stipulations relatives aux risques de voyage. Elle détermine d'abord un grand nombre de contrées pour lesquelles aucune surprime n'est exigée ; ainsi, le voyage et le séjour sont absolument libres :

1° Dans l'Europe tout entière ;

2° Dans tous les autres pays et régions situés au nord du 35e degré de latitude nord, excepté en Asie à l'est du 50e degré de longitude ;

3° Dans tous les pays ou régions situés au sud du 30e degré de latitude sud ;

4° En Algérie, en Tunisie, en Tripolitaine, au Maroc, en Égypte jusqu'à la deuxième cataracte, en Syrie, en Palestine, dans toutes les îles de la Méditerranée ;

5° Dans la République argentine, au Paraguay et dans la Caroline du Nord ;

6° En Nouvelle-Calédonie et à Taïti.

Si l'assuré voyage dans d'autres pays, l'assureur peut consentir, par une convention expresse et spéciale, à maintenir l'assurance moyennant le paiement d'une surprime. Cherchant libéralement à restreindre le moins possible la liberté de leurs assurés, les compagnies n'exigent de surprime que pour les pays où le risque est réellement dangereux pour les Européens, et encore, ont-elles fait une distinction entre les personnes que des séjours antérieurs et prolongés dans ces mêmes pays peuvent faire considérer comme acclimatées et celles qui s'y rendent pour la première fois. Toutefois, elles ont la faculté, si elles le jugent opportun, de se refuser à conclure la convention spéciale de voyage et de séjour et de demander la résiliation de l'assurance s'il s'agit, par exemple, d'une exploration périlleuse ou d'un pays redoutablement malsain.

§ 2. — Risques professionnels de mer.

Les risques de mer auxquels l'assuré vient à s'exposer aggravent trop sensiblement sa situation pour que la compagnie puisse trouver dans la prime qu'elle perçoit la compensation de cet extra-risque. Les polices prononcent donc l'exclusion des risques de cette nature, mais à une double condition.

7

Il faut d'abord qu'il s'agisse d'un marin de profession ; mais, que faut-il entendre par marin ? D'après M. Couteau, du moment où une personne est, par profession, exposée habituellement aux risques de mer, elle est dans la situation d'un marin. Aussi, ne doit-on pas hésiter à considérer comme tels, tous ceux qui sont employés à bord des navires, soit de l'État, soit du commerce, comme les comptables, gens de service, les employés attachés à un service postal maritime, les ingénieurs, les mécaniciens, etc. En pratique, d'ailleurs, la surprime professionnelle n'est plus exigée, ni des officiers de la marine de l'État, ni de ceux des principales compagnies de navigation. On se borne, s'il y a lieu, à leur réclamer les surprimes de séjour dans les pays insalubres.

En second lieu il faut qu'il y ait réellement voyage en mer. Certaines polices autorisent l'assuré à passer d'un port d'Europe dans un autre sans augmentation de prime. Cette clause ne doit être comprise que de voyages accidentels d'affaires ou d'agrément ; il ne faut pas l'étendre aux voyages habituels faits par l'assuré dans l'exercice de sa profession de marin (1).

---

(1) Couteau, t. II, p. 351.

§ 8. — Surprimes de voyage et de séjour.

Par leur nature, les risques que nous venons d'étudier ne sont pas inassurables, mais la prime normale est trop faible pour correspondre à l'aggravation qu'ils représentent. Les compagnies consentent donc à les garantir moyennant simplement le paiement d'une surprime dont le taux est calculé en raison de leur intensité.

L'expérience démontre que les hommes dans la force de l'âge, de même que les individus acclimatés, résistent plus énergiquement aux influences qui peuvent agir sur eux ; de là des distinctions à établir dans le tarif des surprimes.

La surprime doit correspondre au risque à garantir ; elle doit exprimer l'aggravation de la probabilité du sinistre. Sa portée variera donc selon que la police à laquelle il s'agit de l'appliquer aura ou non une valeur de rachat. Si la police n'a pas de valeur de rachat, la surprime doit s'étendre à la totalité du capital assuré (1). Mais si la police a une valeur de rachat, la compagnie ne court pas en réalité d'extra-risque sur la partie du capital assuré qu'elle a commencé à constituer à l'aide des fractions de primes versées et mises en réserve, la surprime ne portera donc plus

_____

(1) Nous ne parlons ici que des assurances cas de décès vie entière.

que sur le capital assuré diminué de la valeur de rachat (1).

A défaut de paiement de la surprime, l'assurance
serait résiliée de plein droit et les primes payées de-
meureraient acquises à la compagnie. Toutefois, si
les primes des trois premières années au moins
avaient été payées, la compagnie tiendrait compte
aux ayants droit de la valeur qu'elle aurait payée si
elle avait racheté le contrat la veille du départ ou de
l'embarquement.

§ 4. — Risque de guerre.

En principe, l'assurance ne couvre pas le risque
de guerre. Les probabilités de décès de l'assuré qui
prend part à une guerre sont modifiées de telle sorte
que la responsabilité de l'assureur doit cesser ; nous
sommes en présence d'un extra-risque évident, d'une
aggravation de risque imprévue ; le contrat doit être
résilié.

Avant les événements de 1870 la question du risque de guerre ne présentait pas grand intérêt pratique pour les compagnies. Avec le mode de recrute-
ment alors en vigueur, elles ne comptaient dans les
rangs de l'armée que de rares assurés. Néanmoins,
les polices prévoyaient le cas de guerre et ne consen-

(1) Pour la notion de la valeur de rachat, voir ci-après, II⁰ partie, ch. 1, § 6.

taient à aucune condition à le garantir; la plupart renfermaient cette clause : « La compagnie est exempte des risques de mort à la guerre ou par suite des blessures qu'on y aurait reçues ».

Mais à la suite des nouvelles lois militaires, la situation changeait profondément ; l'armée devenait la nation tout entière, tous les hommes valides jusqu'à l'âge de quarante, puis de quarante-cinq ans, étaient soumis au service, et, par conséquent, toute une partie des assurés des compagnies françaises se trouvait astreinte à des obligations militaires.

Tout d'abord il faut remarquer que ce n'est pas la profession militaire en elle-même qui constitue une aggravation de risque : c'est seulement la guerre. Aussi les polices stipulent-elles que si l'assuré est ou devient militaire, l'assureur garantit les risques de tous services militaires en temps de paix, en Europe, en Algérie et en Tunisie, y compris le risque de mort reçue dans la répression d'une émeute, d'une sédition ou d'une insurrection. Il faut même aller plus loin et étendre le bénéfice de cette disposition à l'assuré non militaire qui trouverait la mort en prêtant son concours à la répression d'une émeute; sans doute cet assuré s'est exposé volontairement à une aggravation de risque, mais le devoir civique autant que l'intérêt public commandent cette exception. Par contre, si l'assuré a péri dans les rangs des insurgés, nous estimons que la résiliation de l'assu-

rance doit être opposée à ses ayants droit ; les motifs qui justifiaient l'exception précédente se retour-
nent contre lui ; en participant à l'émeute, il a
aggravé ses chances de décès et « le motif d'ordre
public qui a fait maintenir la garantie des compagnies en faveur de ceux qui sont morts en réprimant
les troubles ne peut pas être invoqué au profit de
ceux qui les ont fomentés ou perpétrés » (1). La jurisprudence (2) s'est prononcée en ce sens. Quant
aux circonstances au milieu desquelles l'assuré a
péri, c'est aux juges à les déterminer en fait, et à cet
égard leur interprétation est souveraine.

Nous restons donc uniquement en présence du risque de guerre.

Devait-on, en raison des nouvelles lois de recrute-
ment, imiter l'exemple d'une grande compagnie alle-
mande et garantir purement et simplement le risque
de guerre sans compensation d'aucune sorte ; devait-
on, au contraire, continuer à le déclarer inassurable
et à l'exclure formellement de la garantie ?

De tous les principes posés en matière d'aggravation des risques, il résulte que le décès survenu à la
guerre ne peut, en règle générale, donner lieu à aucune indemnité ; les risques ne sont plus ceux qui
ont été prévus lors de la signature du contrat, les
probabilités de mort sont bouleversées, l'assureur

(1) Fey.
(2) D. 80, 1, 135; S. 79, 1, 358.

doit être libéré. Telle serait la solution logique. Mais
sa rigueur est inconciliable avec les obligations militaires imposées aux assurés et les compagnies, gui-
dées d'ailleurs par un sentiment patriotique, y ont
apporté des atténuations.

En principe donc la police ne couvre pas le risque
de guerre contre une puissance étrangère; si l'assuré est appelé à y prendre part à un titre quelconque, l'assurance est suspendue de plein droit du jour
où il est entré en campagne, et elle reste en suspens,
non seulement pendant toute la durée de la guerre,
mais encore pendant un délai de huit mois à compter
de la cessation des hostilités. Dès lors, deux hypothèses : ou l'assuré, échappé aux risques de la guerre,
est vivant à l'expiration du huitième mois, et dans
ce cas l'assurance rentre en vigueur de plein droit et
sans examen médical, sous la seule condition du paiement des primes qui auraient pu échoir pendant la
suspension de l'assurance (1) ; ou bien, au contraire,
l'assuré périt dans le cours de la guerre ou décède
dans les huit mois suivants, l'assurance est alors annulée et le droit strict des compagnies aurait été de
ne tenir compte aux bénéficiaires que de la valeur
de rachat du contrat, par conséquent de conserver
la totalité des primes annuelles si leur nombre avait

(1) « En cas de non paiement et après envoi de la mise en demeure prescrite par l'article 8, § 3, la police sera résiliée ou réduite suivant la distinction établie par l'article 4 ».

été inférieur à trois. Mais elles se sont gardées d'user d'un droit aussi rigoureux et quel que soit le nombre des primes payées, elles s'engagent à verser aux ayants droit de l'assuré le montant intégral de la réserve de son contrat (1), ne conservant ainsi que la partie des primes correspondant au risque réellement couru.

Si l'on s'en était tenu là, les assurés militaires se seraient trouvés dans une situation moins favorable que sous l'empire du principe primitif. Dans l'ancien système, en effet, l'assurance n'était résiliée que si l'assuré mourait à la guerre ou par suite de ses blessures; d'après les conditions nouvelles, au contraire, l'assurance est résiliée du seul fait de la mobilisation et ne peut plus être remise en vigueur que huit mois après la cessation des hostilités.

Mais d'autre part les compagnies faisaient plus et elles consentaient à assurer directement le risque de guerre lui-même.

Nous n'entrerons pas dans le détail des diverses combinaisons qui ont pu être imaginées par les assureurs.

Deux systèmes principaux sont en présence et sont même appliqués parallèlement par certaines compagnies : ce sont les systèmes de l'assurance intégrale et de l'assurance mutuelle.

(1) V. ci-dessous, les développements sur les notions de la réserve et du rachat.

L'assurance intégrale, comme son nom l'indique, garantit la totalité du capital assuré par la police, moyennant une surprime fixe variant, suivant la situation militaire de l'assuré, de 5 à 10 0/0 du capital. Dans ce système, si le total des surprimes versées par les assurés excédait le total des pertes résultant des décès survenus pendant la guerre, cet excédent, déduction faite des frais, serait réparti au marc le franc entre les assurés de cette catégorie.

Mais on ne peut se dissimuler que cette surprime très-élevée, seule en rapport avec la gravité du risque couru, est presque prohibitive, car bien peu d'assurés seraient en état de la payer. Le système de l'assurance intégrale semble promettre d'une part l'assurance et de l'autre il l'offre à des conditions telles que la plupart des souscripteurs de polices ne seraient pas en mesure de les remplir.

Les compagnies ont donc songé à ne pas s'engager à payer d'avance, en cas de décès à la guerre, un capital déterminé moyennant une prime déterminée, mais à se borner en quelque sorte à suivre la tarification que les événements auront imposée. Dans ce but, on forme entre les assurés militaires une sorte de mutuelle dont les conditions de fonctionnement varient suivant les compagnies. A la compagnie la *Nationale*, par exemple, que nous prendrons pour type, l'assuré peut, dès le jour de l'entrée en campagne, verser à un fonds spécial, constitué à cet effet, une cotisation proportionnelle au capital qu'il voudra assurer sur sa tête pendant la durée de la guerre et dont le taux variera suivant sa situation militaire. Le fonds spécial constitué par ces cotisations sera affecté au paiement des sinistres survenus parmi les *cotisés* pendant la durée de la guerre et une période postérieure de huit mois. S'il est insuffisant à couvrir la totalité des capitaux assurés, ceux-ci seront réduits jusqu'à due concurrence et payés au marc le franc, sans cependant que par l'effet de cette réduction le capital à payer par la compagnie puisse, en aucun cas, être inférieur au tiers du capital assuré. S'il reste, au contraire, un excédent, il sera restitué aux assurés survivants, au prorata de leurs cotisations.

En résumé, dans ce système l'assurance ordinaire est suspendue. En cas de décès de l'assuré à la guerre, ses ayants droit recueillent, d'une part le montant de la valeur de rachat de la police, calculée de la façon la plus libérale, de l'autre, au moins le tiers du capital qu'il a assuré spécialement sur sa tête en prévision du risque de guerre.

DEUXIÈME PARTIE

OBLIGATIONS DE L'ASSUREUR

———

L'obligation primordiale de l'assureur est de payer le capital assuré lors de l'arrivée de la condition. C'est l'essence même de l'assurance sur la vie, et les obligations dont nous abordons l'étude se rattachent directement ou indirectement à celle-là.

Ces obligations peuvent se distinguer naturellement selon le moment où elles prennent naissance. Les unes existent au moment même de la formation du contrat, d'autres se révèlent pendant le cours de l'assurance, d'autres enfin naissent avec le droit des bénéficiaires du contrat, lors de la réalisation de la condition.

Notre étude se limitant à l'assurance en cas de décès vie entière, et afin de ne pas multiplier les subdivisions, nous grouperons plus simplement ces obligations en deux catégories : obligations durant la vie de l'assuré, obligations après son décès.

CHAPITRE PREMIER

OBLIGATIONS DE L'ASSUREUR PENDANT LA VIE DE L'ASSURÉ.

§ 1. — **L'assureur doit se présenter à l'assuré avec des qualités de capacité telles, qu'à aucun moment la validité de son engagement ne puisse être mise en doute.**

Il doit donc, d'une part, se conformer exactement aux lois réglant sa capacité, de l'autre, être en mesure de justifier auprès de l'assuré de l'accomplissement des conditions imposées.

L'industrie des assurances est libre, toute personne capable de contracter est, en principe, capable d'assurer. Comme nous l'avons établi précédemment, l'association n'est pas un élément essentiel de l'assurance. Toutefois, en pratique, ce n'est qu'étendues à un grand nombre de risques que les données de la statistique sont susceptibles de fournir des probabilité ssérieuses; une entreprise d'assurances, pour avoir des chances de réussite, doit donc embrasser un nombre d'opérations considérable, assumer, en conséquence, pour une longue durée une responsabilité énorme. L'assureur isolé ne peut être qu'une conception théorique: nous ne nous en occuperons pas. Par la nature même des choses l'assurance exige l'association. Ce sont donc les conditions de capacité des compagnies d'assurances que nous avons uniquement à déterminer.

Tout d'abord ces sociétés sont soumises à l'observation de toutes les règles du droit commun applicables à la forme d'association qu'elles ont adoptée. Mais, de plus, la nécessité de l'autorisation du Gouvernement, exigée avant la loi du 24 juillet 1867 pour les sociétés d'assurances et les tontines, a été maintenue par exception par l'article 66 de cette loi pour les sociétés d'assurances sur la vie mutuelles ou à primes fixes. Les compagnies se trouvent donc soumises à l'obligation de l'autorisation préalable et à la surveillance de l'État.

L'exposé des motifs de la loi de 1867 justifie en ces termes l'exigence de l'autorisation préalable : « Il ne faut pas oublier que les intérêts qui se groupent sont des intérêts épars, qui ne sont pas toujours dirigés par une connaissance bien exacte des clauses auxquelles ils s'exposent. Ces clauses sont certainement aujourd'hui mieux comprises et plus sainement appréciées. La durée probable de la vie humaine et les calculs auxquels elle sert de base sont représentés par des chiffres mieux étudiés et moins incertains ; mais ils ne sont pas à l'abri de tout soupçon d'erreur, et le plus grand nombre des membres de ces associations doivent les accepter de confiance,

sans qu'aucune vérification soit possible ». Quant
au contrôle et à la surveillance qu'il prétend exercer
sur les compagnies, l'État en trouve le fondement
dans l'impossibilité où sont les assurés de surveiller
eux-mêmes les agissements de la compagnie : gérant
responsable de la mutualité, la compagnie encaisse
les cotisations des assurés à charge de constituer les
capitaux nécessaires au paiement des sinistres ;
l'État, représentant les assurés, contrôle la gestion,
l'emploi des fonds et, d'une manière générale, la
marche de la compagnie.

En résumé, le contrôle de l'État s'exerce de deux
manières : par l'autorisation préalable et par la surveillance.

L'autorisation préalable se manifeste par l'approbation des statuts. Elle est accordée par décret du
chef de l'État après avis du Conseil d'État (1). C'est
cette autorisation qui donne à la compagnie l'existence légale, la capacité juridique. Une fois autori-
sée, la compagnie est soumise à la surveillance du
Gouvernement, mais, en fait, cette surveillance n'est
pas organisée. Les décrets du 1er juillet 1893, qui ont
approuvé les nouveaux tarifs des compagnies d'assurances sur la vie, disposent simplement que la compagnie publiera chaque année le compte-rendu de
ses opérations, en y annexant des tableaux confor-

_____

(1) La procédure d'autorisation est réglée par deux instructions
ministérielles des 22 octobre 1817 et 11 juillet 1818.

mes aux modèles qui seront déterminés par le ministère du commerce.

L'assureur doit donc en premier lieu se conformer à ces obligations, à l'exécution desquelles sa capacité se trouve subordonnée, et qui garantissent au regard des assurés la solidité de ses engagements.

Les mêmes principes devraient être appliqués aux compagnies d'assurances étrangères exerçant leur industrie en France et qui se trouvent actuellement dans une situation particulière. Le contrat d'assurance sur la vie est, en effet, un contrat du droit des gens et, comme l'industrie des assurances est libre, il n'y a à tenir compte, en règle générale, ni de la nationalité de l'assureur, ni de celle de l'assuré. D'autre part, la loi du 30 mai 1857, dont le bénéfice a été étendu successivement par décrets à plusieurs nations, permet aux sociétés anonymes étrangères, légalement constituées, de fonctionner en France sans avoir à demander l'autorisation du Gouvernement. Il en résulte qu'en pratique des compagnies d'assurances étrangères exercent librement leur industrie en France sans être soumises ni à une autorisation préalable, ni à une mesure quelconque de surveillance. Cette situation est d'autant plus bizarre que certaines de ces compagnies se trouvent assujetties dans leur pays d'origine à des conditions de fonctionnement et de contrôle beaucoup plus rigoureuses que les compagnies françaises en France. Plusieurs

projets de loi ont été présentés dans le but de faire
disparaître cette anomalie : ils sont inspirés d'un courant d'idées diamétralement opposées (1). Un projet
de M. Lockroy tendrait à supprimer la nécessité de
toute autorisation mais, par compensation, à forcer
les compagnies étrangères à déposer à la Caisse des
Dépôts et Consignations un fonds de garantie avec
affectation, par privilège, au profit des assurés pour
les opérations faites en France. Une autre proposition de M. de Saint-Germain soumettrait, au contraire, toutes les sociétés étrangères d'assurances
sur la vie à la nécessité d'une autorisation qui serait
accordée après examen des statuts ; les compagnies
déjà existantes devraient obtenir cette autorisation ;
ce projet comprendrait d'ailleurs également la création d'un fonds de garantie affecté, par privilège,
aux assurés français, pour répondre des opérations
réalisées en France.

§ 2. — L'assureur est tenu de faire connaître à l'assuré les conditions générales de la police à intervenir.

L'assurance est un contrat essentiellement de
bonne foi dans lequel, moins encore que dans tout
autre contrat, il ne doit y avoir place pour aucune
surprise.

---

(1) V. *Journal des Assurances*, 1880, page 149.

Après régularisation de l'affaire, la compagnie doit
remettre à l'assuré un double de la police. La rédaction de la police en double exemplaire n'est que l'application des règles du droit commun pour ceux qui
voient dans l'assurance sur la vie un véritable contrat
synallagmatique : c'est le principe de l'article 1325.
Mais ce caractère synallagmatique a été fortement
contesté en présence de la règle que nous avons établie précédemment et d'après laquelle le paiement
des primes autres que la première est purement facultatif pour le preneur d'assurance. Dans les assurances sur la vie, a-t-on dit, l'assuré ne s'oblige pas,
il est toujours libre *ad nutum* de cesser le paiement
des primes ; l'assureur seul est obligé à continuer sa garantie aussi longtemps qu'on continuera
le paiement des primes ; le contrat est donc simplement unilatéral et la rédaction de la police en double est sans fondement (1). M. Couteau a fait observer habilement que cette opinion reposait sur une
confusion de l'obligation avec son exécution. Il y a
en réalité dans l'assurance sur la vie, non pas un
contrat unique, mais une série de contrats successifs. Dans chacun de ces contrats, chaque partie
prend un engagement : le preneur d'assurance accomplit de suite le sien, en payant la prime d'avance ;
c'est pour cela que la compagnie ne peut le poursui-

(1) Mornard, p. 167.

8

vre à l'expiration de l'année, le contrat synallagmatique a été exécuté par lui en ce qui le concerne (1).
L'exigence des deux doubles de la police est donc parfaitement légitime.

Le double de la police délivré par la compagnie à
l'assuré est pour ce dernier la preuve de l'engagement pris envers lui. Lorsque la réalisation de la
condition fera naitre le droit des bénéficiaires sur le
capital assuré, c'est sur la production de ce double
que le paiement pourra être effectué. Si l'assuré perd
ce double et que la perte se révèle de son vivant, il
n'a aucune action pour obliger la compagnie à lui
en fournir un duplicata. La jurisprudence écarte des
prétentions de cette nature, surtout lorsqu'il s'agit
d'une police transmissible par endos. En pareil cas,
en effet, la compagnie, en délivrant un duplicata de
la police, serait exposée à se trouver en face de deux
porteurs et à payer deux fois la somme assurée. Si
la police ne contient pas la clause à ordre, rien ne
s'oppose, en fait, à ce qu'il en soit délivré un duplicata, sous condition de rapporter la preuve de la
perte. Peut-être pourrait-on, comme le propose
M. Couteau, s'inspirer de l'article 19 du décret du
10 août 1868 relatif à l'exécution de la loi du 11 juillet 1867 et qui permet « en cas de perte du livret-
police, de pourvoir à son remplacement dans les for-

_____

(1) La jurisprudence a consacré le caractère synallagmatique du
contrat d'assurance sur la vie, S. 80, 1, 101.

mes prescrites pour les titres de rente sur l'État, sur la production d'une déclaration faite devant le maire de la commune où l'assuré a sa résidence ».

De nombreux systèmes ont été imaginés dans le but de remédier aux inconvénients résultant de la perte des polices à ordre. On a proposé d'assimiler la police à ordre aux autres effets à ordre et d'appliquer les dispositions de l'article 152 du Code de commerce, d'après lequel le paiement d'une lettre de change perdue peut être effectué par ordonnance du juge, moyennant justification de la propriété, et engagement d'une caution tenue pendant trois ans. Mais cette opinion n'a pas prévalu, car l'article 152 vise exclusivement les effets de commerce et ses dispositions ne sauraient être étendues à d'autres titres par cela seul qu'ils contiennent la clause à ordre (1). D'autres auteurs s'inspirant également des règles de la lettre de change, voudraient voir appliquer à notre matière l'article 189 édictant la prescription de cinq ans en matière de lettre de change ; d'autres seraient disposés à étendre aux polices d'assurance sur la vie les dispositions de la loi du 15 juin 1872 sur les titres au porteur perdus ou volés.

Le tribunal civil de Genève est entré dans cet ordre d'idées et a déclaré applicables aux polices d'assurance sur la vie les dispositions du Code fédéral des

(1) D. 55, 5, 35.

obligations relatives à la perte des lettres de change (art. 790 à 800, Jugement du 29 mai 1891).

La compagnie ne peut pas plus être forcée de délivrer une copie de la police qu'elle ne peut être obligée d'en faire établir un duplicata ; elle est libre, suivant les cas, d'accorder ou de refuser l'expédition qu'on lui demande. Sans doute elle ne la refuserait pas au souscripteur lui-même, mais il y aurait une sorte de violation du secret professionnel à délivrer à un autre que lui, bénéficiaire ou cessionnaire, copie d'une police dont les dispositions doivent rester secrètes jusqu'au décès. Toutefois, un jugement du tribunal civil de la Seine du 18 mai 1893 a décidé que ces motifs de discrétion professionnelle, suffisant dans certaines circonstances pour autoriser le refus de délivrer un duplicata d'une police perdue, ne sauraient être valablement opposés comme fin de non recevoir à un syndic qui se trouve investi d'un mandat de justice à l'effet de reconnaître les charges et forces de la faillite (1).

§ 3. — **L'assureur est tenu de renouveler, d'année en année, aux mêmes conditions, l'assurance qu'il a accepté.**

L'assurance en cas de décès vie entière se dé-

_____

(1) *Rec. pér. des Ass.*, 1893, p. 412. Le même jugement écarte l'application de l'article 152 du Code de commerce à notre matière.

compose en une série d'assurances annuelles. C'est
l'opinion de la majorité des auteurs et celle qui cadre
le mieux avec le mécanisme de l'assurance sur la vie.
Nous pouvons donc formuler ce principe : toute assurance, quelle que soit sa durée, n'est qu'une succession d'assurances facultatives d'un an dont les
conditions sont réglées d'avance par la police (1). Le
mode de formation de la prime tel que nous l'avons
déterminé, et la comptabilité à laquelle donne lieu
le contrat d'assurance, et que nous aurons à examiner rapidement, justifient cette règle.

Chaque année l'assuré a le droit de rompre son
engagement, mais, s'il veut le maintenir, l'assureur
se trouve en présence d'une double obligation. D'une
part, il doit accepter le renouvellement du contrat ;
d'autre part, il ne peut, ni en modifier les conditions,
ni astreindre l'assuré à une nouvelle visite médicale.
Ainsi, du moment que l'assuré a rempli régulièrement ses obligations, la compagnie est liée à son
égard. Elle ne peut invoquer, pour se soustraire à
sa garantie, aucune circonstance d'âge ni de santé.
Il n'y aurait qu'une aggravation de risque imprévue
et directement imputable à l'assuré qui pourrait entraîner la résiliation du contrat.

Les motifs qui justifient cette obligation imposée
à l'assureur sont de même nature que ceux dont on

---

(1) Couteau, t. I, p. 161.

s'est inspiré pour établir des primes moyennes (1).
Avec l'âge, en effet, l'état de santé du preneur d'assurance devient plus menaçant, la probabilité du sinistre augmente et cette perspective aurait amené des assureurs à refuser de renouveler l'assurance au moment même où elle devient le plus nécessaire à l'assuré.

Remarquons, d'ailleurs, que le contrat d'assurance sur la vie est un contrat synallagmatique ; par conséquent, qu'à l'obligation de l'assureur doit correspondre une obligation corrélative de l'assuré. On répète, en effet, souvent et inexactement que l'assureur seul est lié, qu'il est obligé de maintenir l'assurance alors que le preneur est libre de s'en dégager. C'est une observation superficielle et qui devient fausse dès que l'on va au fond des choses. En réalité, la compagnie n'est pas liée par le contrat plus que le preneur d'assurance. Le contrat ne lie les parties qu'autant que l'assurance existe, et l'assurance n'existe qu'autant que la prime est payée. Si le preneur d'assurance n'a pas exécuté d'avance son obligation en payant la prime, l'assureur n'est pas obligé à payer le capital stipulé. C'est l'application pure et simple du principe : « Pas de prime, pas d'assurance ».

(1) Voir ci-après.

§ 4. — **L'assureur doit être à chaque instant en mesure de payer aux ayants droit du preneur d'assurance le capital stipulé.**

Pour bien mettre en lumière cette obligation et ses conséquences, nous sommes amenés à grouper ici les notions que nous avons dû disséminer selon les exigences de notre exposition.

L'assurance en cas de décès vie entière est en réalité la succession d'assurances temporaires d'un an ; or, la prime doit exprimer le degré de probabilité du risque et, comme chaque année qui s'écoule fait courir à l'assureur un risque d'une intensité plus grande, il en résulte que cette prime devrait croître chaque année en raison de la probabilité plus grande du sinistre ; faible au début, elle deviendrait considérable si l'assuré atteignait un âge avancé. Cet inconvénient, qui en pratique aurait été une entrave absolue au développement des opérations d'assurances, a été écarté par l'unification des primes. Les primes que l'assuré aura à verser seront uniformes pendant toute la durée de l'assurance. Plus élevées que la prime vraie pendant les premières années, elles deviendront à un moment donné inférieures au risque couru. La proportion devra être calculée de telle manière qu'il y ait compensation. Ainsi, dans la prestation annuelle versée par l'assuré, deux fractions devront être distinguées : l'une représente le risque réellement couru par la compagnie, elle se perd en quelque sorte annuellement dans la masse des cotisations de la mutualité ; l'autre est destinée à parfaire la différence que le vieillissement de l'assuré amènera dans le taux de la prime, son objet est de compenser ce que les dernières primes pourront avoir de trop faible par rapport au risque couru par l'assureur. Cette fraction de la prime est ce qu'on appelle la réserve. Il est d'une importance capitale dans l'étude du contrat d'assurance sur la vie de se rendre un compte exact de la nature de cette réserve. Elle n'existerait pas si, au lieu d'uniformiser les primes, on s'en tenait au tarif de l'assurance temporaire d'un an, lequel indique le chiffre exact de la prime correspondant à chaque période annuelle. Elle est donc, en réalité, la garantie du risque futur ; c'est la fraction des primes reçues qui doit être mise de côté pour faire face aux risques restant à courir (1). Autrement dit, la réserve est l'expression de la différence qui existe à chaque instant entre la valeur de l'engagement pris par l'assureur et celle de l'engagement réciproque pris par l'assuré.

Pour bien pénétrer le mécanisme de cette réserve, nous examinerons succinctement comment se tient la comptabilité d'une compagnie d'assurances. Il est établi chaque année deux ordres de comptes :

(1) *Journal des actuaires français*, 1re année, p. 100.

1° Le compte général de la mutualité dont l'actif et le passif doivent se balancer exactement. Au débit de la mutualité, on porte tous les capitaux dus à raison des sinistres qui se sont produits dans le courant de l'année. Au crédit, on porte, non pas les primes moyennes réellement encaissées, mais celles qui auraient été perçues au tarif de l'assurance annuelle. C'est, en effet, le taux de ces dernières primes qui correspond à la somme des capitaux à payer; celui de la prime moyenne est, suivant la période où l'on se trouve, trop élevé ou trop faible. Grâce à ce mode de procéder, l'équilibre doit exister. Suivant que le solde de ce compte est débiteur ou créditeur, la compagnie doit combler la différence au moyen d'un prélèvement sur ses ressources sociales, ou, au contraire, elle profite de l'excédent.

2° Le compte particulier de chaque assuré. Ce compte est crédité de la prime réellement perçue, et il est débité de la prime annuelle afférente à l'exercice actuel. Si l'assuré survit, la caisse de la mutualité conserve la prime vraie; l'excédent est mis en réserve au crédit de l'assuré. A ce nouveau point de vue nous dirons donc que la réserve n'est, en réalité, que le solde créditeur de chaque compte produit par le mode de calcul imaginé pour établir une prime uniforme dans le contrat d'assurance en cas de décès pour la vie entière à primes annuelles (1).

(1) Couteau, t. II, p. 169.

Dans la pratique, les réserves des comptes des assurés prennent le nom de réserves mathématiques ; il faut bien se garder de les confondre soit avec les réserves statutaires, soit avec les réserves facultatives. Ces catégories de réserves sont la propriété des actionnaires ; elles s'ajoutent au capital social et accroissent les garanties offertes par la compagnie.

Les réserves des comptes se trouvent, au contraire, entre les mains de l'assureur avec une destination particulière ; ce sont, en réalité, des primes payées par anticipation, mais c'est une question discutée que celle de savoir à qui appartient la propriété de ces réserves, aux assurés ou bien à la compagnie. Des auteurs (1) estiment qu'elles ne sont pas un actif, mais un simple dépôt entre les mains de la compagnie, c'est une dette de l'assureur vis-à-vis du compte de la mutualité. On leur répond que les primes, dont une partie a servi à constituer les réserves, ont été aliénées totalement par l'assuré au profit de l'assureur ; il s'agit donc, pour ce dernier, d'une véritable propriété, grevée toutefois d'une affectation spéciale (2).

Quoiqu'il en soit, le soin de la gestion et de l'emploi des réserves constitue pour la compagnie une obligation primordiale à laquelle l'exécution de ses

(1) Couteau, t. II, p. 175.
(2) Voir sur cette question la *Belgique judiciaire*, 16 juillet 1866 (article de M. Adan).

engagements se trouve subordonnée. Les statuts des compagnies indiquent le mode d'emploi qui doit être fait et qui est généralement celui prescrit pour les biens des incapables : d'après l'article 5 du décret du 22 janvier 1868, les fonds doivent être employés en acquisitions d'immeubles, de rentes sur l'État, bons du trésor, obligations des compagnies françaises de chemins de fer qui ont un minimum d'intérêt garanti par l'État. Dans ces limites, l'assureur doit, par sa prudence, par son habileté, par le choix de ses placements suivant les circonstances, arriver à faire produire à ces réserves l'intérêt dont le taux a été adopté pour leur capitalisation (1).

D'autres obligations imposées à l'assureur concourent à garantir sa constante solvabilité à la mutualité dont il est le gérant. Il doit faire dans les risques qui lui sont proposés la sélection la plus sérieuse, exiger l'exécution scrupuleuse des clauses des polices, veiller à ce qu'il ne se produise dans les risques acceptés ni fraude, ni aggravation, invoquer les causes de déchéance qui peuvent se présenter, d'une manière générale, gérer la mutualité en bon père de famille.

La meilleure garantie de l'exécution de ces obli-

(1) Pour donner une idée de l'énorme importance de cette obligation nous citerons le chiffre des réserves d'une compagnie, *La Nationale*, lequel s'élevait au 31 décembre 1891 à la somme de 322 millions.

gations est dans l'intérêt même des compagnies ; mais elles agissent librement, sous leur seule responsabilité, en conformité de leurs statuts, et les assurés ne sauraient prétendre intervenir dans leur ges`...`.; s'ils conçoivent des doutes sur la solvabilité de l'assureur, leur seul droit est de se retirer de la mutualité en cessant le paiement de leurs primes et en faisant liquider leur compte.

§ 5. — La compagnie peut s'engager à faire participer les assurés aux bénéfices produits par la catégorie d'assurance à laquelle ils se rattachent.

Cette nouvelle obligation est écrite dans l'article 16 de notre police ainsi conçu : « La moitié des bénéfices produits par les assurances pour la vie entière avec participation, conformément aux inventaires dressés par la compagnie, est répartie entre toutes les polices au prorata du montant des primes payées..... »

Cette clause consacre une disposition en apparence des plus singulières. Dans une société on n'appelle à participer aux bénéfices que les associés ; comment donc la compagnie peut-elle répartir ses bénéfices, en dehors de ses actionnaires, entre les membres de la mutualité qu'elle gère et qui ne sont, à aucun titre, des associés ? De plus, d'après le mécanisme même que nous avons exposé, les primes versées par les assurés se décomposant en deux fractions, l'une qui est afférente à l'assurance temporaire d'un an et qui est absorbée dans le compte de la mutualité, l'autre qui représente le risque actuel à courir et qui est mise en réserve, d'où peut donc provenir le bénéfice, puisque la prime totale a son affectation et que les assurés ne peuvent prétendre qu'aux bénéfices produits par leur compte d'assurance?

Cette anomalie apparente disparait quand on examine le fond des choses ; on s'aperçoit alors bien vite que l'expression de participation aux bénéfices, consacrée par l'usage, est complètement inexacte et de nature même à fausser la notion de l'assurance en tendant à la faire considérer comme un placement.

En réalité, nous nous trouvons en présence d'une compensation de primes trop fortes : la prétendue participation aux bénéfices n'est que la remise à l'assuré d'une fraction de sa prime. Les bénéfices accusés par le solde du compte d'une catégorie d'assurance s'expliquaient, alors qu'on appliquait des tarifs basés sur la table de mortalité de Duvillard, par ce fait qu'elle indiquait une mortalité reconnue plus rapide que la mortalité réelle. Avec les tarifs actuellement en vigueur ces bénéfices se reproduiront grâce à une sélection méticuleuse des risques et au chargement des primes. De toute façon donc la prime se trouve être un peu plus élevée que ne le comporte le risque qu'elle représente. Elle constitue ce que l'on a appelé une prime forte. Remarquons d'ailleurs que cette légère exagération de la prime est une garantie de plus pour les assurés ; elle donne un surcroît de sécurité à l'opération en permettant à l'assureur de parer à toutes éventualités possibles. Mais, dans les années normales, il en résulte que, lorsque la compagnie établit ses comptes, il reste un excédent (1). De cet excédent constaté par leur inventaire, les compagnies font deux parts : l'une, qui provient d'ordinaire des opérations d'une bonne administration, est attribuée comme rémunération aux capitaux engagés dans la société financière qui pratique l'industrie des assurances; l'autre, qu'on regarde comme la différence entre la prime payée et la prime exacte établie après coup, est restituée à ceux qui l'ont versée en trop.

C'est le conseil d'administration de la compagnie (art. 16, § 3) qui seul a le droit de déterminer les bases et le mode de calcul qui servent à établir le chiffre des bénéfices réalisés, la durée de la période des inventaires et l'époque des répartitions. C'est lui également qui fixe le montant des frais de toute nature à mettre à la charge des assurés pour la vie entière avec participation.

Par suite des nécessités de la concurrence, les compagnies se sont trouvées, d'ailleurs, obligées pour

---

(1) Couteau, t. II, p. 283.

maintenir leur taux de répartition à abandonner à
leurs assurés plus que les 50 0/0 des bénéfices nets
auxquels ils avaient droit ; elles sont entrées dans la
voie d'une véritable répartition de bénéfices. Dans
les premières années d'une mutualité, en effet, tous
les membres étant jeunes et bien portants, les cotisations affluent, alors qu'il y a peu ou pas de sinistres ; les bénéfices sont donc considérables et l'excédent des primes à restituer très-important. Puis peu
à peu, au cours des contrats, par le fait même du
vieillissement des assurés, les sinistres se multiplient,
les primes tendent de plus en plus à être totalement
absorbées, d'où une diminution constante et progres-
sive dans la différence entre la prime forte et la
prime exacte. Il doit donc se produire une baisse
inévitable dans les inventaires des compagnies si le
nombre des assurés jeunes entrant dans la mutualité
ne compense pas le nombre de ceux qui disparaissent.

Cette question de la participation aux bénéfices
est, du reste, en pratique une des plus délicates de
celles qui se rapportent à notre matière. Les pro-
messes fantastiques de certaines compagnies étrangères tendraient à défigurer complètement l'assurance
sur la vie, à en faire une sorte de placement à gros
dividendes ; l'appât de forts intérêts supplanterait
les idées d'épargne et de solidarité qui font la valeur
de cette institution. Il faut donc le répéter haute-

ment : l'assurance sur la vie ne doit jamais être considérée comme un placement ; c'est une mesure d'économie et de sage prévoyance et la participation aux bénéfices ne doit être présentée à l'assuré que comme une compensation, un allégement des sacrifices qu'il s'impose pour le paiement des primes.

Les seules polices qui prennent part à la répartition sont celles qui ont au moins un an de date au dernier jour de la période pour laquelle l'inventaire a été établi et qui se trouvent en cours audit jour (art. 17).

L'assureur, obligé en conséquence de veiller à la gestion des sommes destinées à être réparties, doit tenir compte de la quote-part qui est afférente à la personne indiquée dans la police ; si la police est muette à ce sujet, à la personne chargée du service des primes, puisque c'est une sorte de compensation à l'exagération des primes. La compagnie met l'ayant droit en présence d'une triple option : la quote-part attribuée à sa police peut, ou bien lui être payée en argent comptant, ou bien être convertie, soit en une augmentation du capital assuré, soit en une réduction de la prime annuelle suivant les procédés de calcul déterminés par la compagnie (art. 18).

Mais là se limite l'obligation de la compagnie ; sous aucun prétexte, on ne saurait lui imposer de communiquer ses comptes aux assurés qui prétendraient les contrôler. La question, toutefois, a été discutée et les tribunaux ont eu à se prononcer à ce sujet. L'article 35 de la loi de 1867 dispose, en effet, que, « quinze jours au moins avant la réunion de l'assemblée générale, tout actionnaire peut prendre au siège social communication de l'inventaire et du rapport des commissaires ». Or, il est bien vrai que ce texte vise les actionnaires et que, nous venons de le voir, les assurés ne sont à aucun titre des associés. Mais un décret du 22 janvier 1861, portant règlement d'administration publique pour la constitution des sociétés d'assurances, a, par son article 7, étendu aux assurés les dispositions de l'article 35. Il les a même aggravées en ce sens que, non seulement l'assuré aurait le droit de prendre communication du dernier inventaire de la compagnie, mais il aurait ce droit à toute époque, soit au siège social, soit dans les agences locales et, de plus, il pourrait exiger qu'il lui soit délivré une copie certifiée.

Toutefois, les statuts approuvés par le Gouvernement et qui constituent en quelque sorte la charte des compagnies ne reproduisant pas cette exigence, la question a été portée devant les tribunaux. La prétention des assurés de s'immiscer dans la gestion des sociétés a été repoussée à bon droit par un arrêt de la Cour de Bordeaux (1) du 6 août 1859 et par un arrêt de la Cour de Paris du 27 juillet 1878 (af-

_____

(1) D. 51, 2, 11.

faire Goupy c. le Crédit Viager). « L'assuré, déclare cet arrêt, est associé aux bénéfices de la compagnie lorsque telle est la convention. Mais lorsque les assemblées générales ont approuvé les comptes il n'y a pas lieu de les faire vérifier par un expert comptable ».

Cette décision est conforme à tous les principes que nous venons de poser. Remarquons, d'ailleurs, que la plupart du temps les polices contiennent à ce sujet une clause formelle, qui, par application de l'article 1134, fait loi entre les parties. Nous lisons, en effet, à l'article 16, § 4, de notre police : « Les comptes..... approuvés par l'assemblée générale des actionnaires font loi à l'égard de tous les assurés, et nul n'est admis à les critiquer ».

§ 6. — L'assureur est obligé de racheter, sur la demande des intéressés le contrat, sur lequel trois primes au moins ont été versées.

L'article 11 de notre police consacre cette obligation.

Nous avons déjà vu qu'en cas de cessation du paiement des primes et par suite de résiliation de l'assurance, la compagnie tient compte à l'assuré de la valeur de rachat de sa police. Nous avons également établi qu'en cas de résiliation de l'assurance par suite d'une aggravation de risque non prévue et imputa-

ble à l'assuré, la compagnie rachète le contrat en général à la veille du jour où l'aggravation s'est produite.

Mais ce n'est qu'après avoir exposé la théorie de
la réserve que nous pouvions analyser avec précision
le mécanisme de cette opération.

La compagnie, en encaissant les primes de l'assuré, en a affecté une fraction au risque futur, elle a
donc reçu par anticipation une partie des primes du
risque restant à courir, risque qu'elle ne court plus
si l'assuré se retire avant une certaine époque; le
solde créditeur du compte de cet assuré, fourni par
l'excédent des primes perçues antérieurement au rachat et mis en réserve, se trouve dès lors sans cause
entre les mains de l'assureur et il doit le restituer.
C'est l'application du droit commun. Mais la nature
des choses lui impose quelques modifications qui font
du rachat une opération particulière et non pour
l'assuré une simple *condictio sine causa*.

Tout d'abord, pour employer l'expression courante, la police n'a de valeur de rachat qu'après le
paiement d'un certain nombre de primes déterminé
par les conditions générales du contrat et fixé par la
pratique à trois; cette règle se justifie par ce motif
que les frais d'acquisition de l'affaire absorbent le
surplus de la fraction des premières primes correspondant au risque; il n'existe, en réalité, encore
aucun excédent au crédit de l'assuré, la compagnie
ne peut donc rien lui restituer.

De plus, il faut considérer que l'assuré prive par son fait la compagnie du bénéfice sur lequel elle était en droit de compter, par conséquent, pour compenser sa perte elle prélèvera légitimement sur la réserve une fraction déterminée à l'avance. L'excédent constituera le prix de rachat. Notre article 11 porte :

« Le prix de rachat est déterminé d'après les bases adoptées par décision du conseil d'administration et en vigueur au jour de la demande de rachat ». La différence entre la totalité des primes versées et le prix de rachat représente donc le risque couru réellement par la compagnie ; le prix de rachat est la fraction correspondant au risque à venir payée d'avance.

Il n'y a donc rien dans cette opération qui puisse la faire assimiler à une vente ; la compagnie restitue à l'assuré, sous certaines déductions (1), ce qu'elle a touché en trop. C'est, en réalité, une simple liquidation de compte. L'expression de rachat est, non seulement inexacte mais encore susceptible de conduire

(1) La retenue faite par les compagnies sur la réserve de leurs polices se justifie facilement ; il leur serait impossible en effet de rembourser à chacun des assurés sortants la réserve intégrale sans essuyer une perte de ce chef : dans ce cas, en effet, ce seraient pour ainsi dire exclusivement les assurés en bonne santé qui useraient du droit de sortie (par exemple parce qu'ils croiraient pouvoir s'assurer auprès d'une autre société à des conditions plus favorables), et il resterait les membres dont la santé est trop peu florissante pour leur permettre de conclure une nouvelle assurance (Voir le rapport du Bureau Fédéral Suisse des assurances sur les entreprises privées d'assurances en 1888).

à des idées fausses. Nous sommes obligés de l'accepter cependant, la pratique l'ayant définitivement consacrée (1).

Connaissant la nature du rachat, il nous reste à examiner qui peut demander à la compagnie ce rachat qu'elle s'oblige à consentir « aux intéressés ». Nous avons vu que le contrat d'assurance sur la vie a un caractère essentiellement personnel ; la résiliation de cette assurance doit avoir le même caractère : l'assuré seul peut demander le rachat de sa police, seul il peut apprécier s'il doit continuer le contrat ou, au contraire, abandonner son assurance. Les créanciers de l'assuré, se prévalant de l'article 1166, ne pourraient donc pas exercer le droit de rachat en invoquant son caractère pécuniaire ; ce droit pécuniaire dépend ici d'une appréciation individuelle, la volonté du débiteur est prépondérante (2), il s'agit bien d'un droit exclusivement attaché à sa personne (3).

Ces principes semblent certains et sont consacrés par la plupart des auteurs ; toutefois, la jurisprudence est divisée et deux arrêts de la Cour de Paris, ainsi qu'un arrêt de la Cour de Douai ont reconnu

(1) Voir sur ce sujet Couteau, t. II, p. 301.
(2) Aubry et Rau, t. II, p. 126.
(3) Le cessionnaire en toute propriété aurait, bien entendu, le droit de demander le rachat ; il a la pleine propriété de la police qui est devenue sa chose, il est entièrement substitué aux droits de l'assuré.

aux créanciers le droit de demander le rachat. Pour éviter d'aborder la difficulté de front, on a imaginé un biais ; notre question se pose, en effet, lorsque l'assuré, étant tombé en faillite, est dessaisi de l'administration de ses biens et supplanté par le syndic ; dès lors, pour accorder au syndic le droit de demander le rachat, on invoque l'article 487 du Code de commerce, d'après lequel le syndic est autorisé à transiger sur toutes les questions intéressant la masse et l'on considère le rachat comme une véritable transaction entre l'assureur et l'assuré.

L'analyse que nous avons faite de l'opération du rachat démontre suffisamment que cette opinion est inacceptable ; le rachat, avons-nous dit, est un simple règlement de compte entre l'assuré et la compagnie. Quant à la transaction, l'article 2011 du Code civil la définit « un contrat par lequel les parties terminent une contestation née, ou préviennent une contestation à naître ». Il n'y a donc aucun élément commun, partant aucune assimilation possible ; le rachat ne suppose aucune contestation, aucun différend ; l'assuré renonce simplement à son contrat, ce qui donne lieu à une liquidation.

D'ailleurs, on ne peut faire indirectement ce que la loi interdit directement. Cette application de l'article 487 du Code de commerce est un véritable subterfuge imaginé pour tourner l'article 1166. Or, une raison d'analogie vient confirmer les motifs que nous faisions valoir précédemment à l'appui de notre opinion et permet, semble-t-il, d'écarter avec certitude les créanciers qui prétendent exercer le droit de rachat. Il est admis, en effet, unanimement que les créanciers ne peuvent pas plus, sans le consentement du donateur, leur débiteur, demander la révocation d'une donation pour cause d'ingratitude, qu'ils n'ont le droit de faire révoquer une offre de donation faite par leur débiteur à un tiers, cela parce qu'il y a en jeu, non seulement un intérêt pécuniaire, mais encore un intérêt moral. L'acte de révocation suppose une appréciation purement personnelle qui exclut la possibilité d'une substitution de la volonté des créanciers à celle du donateur. Or, si on reconnaît aux créanciers le droit de demander le rachat, n'est-ce pas leur reconnaître par là même le droit de révoquer, dans certains cas, une offre de donation, du moins si on adopte le système suivi par la jurisprudence et d'après lequel le contrat d'assurance sur la vie peut constituer une véritable libéralité (1). Il y a plus encore : comme l'a fait remarquer M. Lyon-Caen (2), le prix de rachat est toujours inférieur au capital assuré ; ainsi le rachat réclamé par les créanciers entraînerait une libération du débiteur inférieure à celle qui résulterait à son décès du paiement fait aux créanciers avec le capital assuré. De quel

(1) V. ci-dessus, p. 18.
(2) S.93, 2, 226.

droit, pour toucher immédiatement une certaine somme, les créanciers diminueraient-ils le profit futur qui pourrait être tiré du contrat d'assurance lors du décès de l'assuré?

La Cour de Paris dans son arrêt du 16 novembre 1890 (1) se fonde principalement sur l'argument suivant pour reconnaître aux créanciers le droit de rachat. La compagnie, dit-elle, est obligée de consentir au rachat ; l'assuré qui a payé un certain nombre de primes, puis qui cesse ses paiements, a droit au rachat de l'assurance, c'est-à-dire au paiement immédiat et de plein droit d'une certaine somme, ses créanciers doivent donc y avoir droit également. Nous répondons qu'il est inexact et contraire à la réalité des faits de représenter le prix de rachat comme mis de plein droit à la disposition de l'assuré par le seul fait de la cessation du paiement des primes ; sans doute la compagnie est obligée de consentir au rachat, mais seulement sur la demande de l'assuré et ce n'est que du jour de cette demande que le prix de rachat devient exigible ; nous retombons donc dans le système précédent que nous pouvons résumer ainsi : par la nature même de l'assurance sur la vie autant que par l'application des principes du Code civil, le droit de rachat est personnel à l'assuré, ses créanciers ne peuvent l'exercer.

_____

(1) *Rec. pér. des ass.*, 1890, p. 246.

Remarquons en terminant que la portée pratique de cette discussion sera bien restreinte ; en effet, c'est en matière de faillite que la question se posera. Mais la plupart du temps, par suite de sa faillite, l'assuré ne se trouvera plus en mesure de payer ses primes ; son contrat se trouvera donc résilié conformément aux articles 3 et 4 de la police.

La compagnie s'oblige à racheter, sur la demande des intéressés, toute police sur laquelle il a été payé au moins trois primes annuelles. Mais, au lieu de toucher le solde de son compte, l'assuré peut le laisser entre les mains de l'assureur pour former la prime unique d'une nouvelle assurance. Le capital assuré sera évidemment inférieur au capital primitivement souscrit, ce sera un capital réduit ; l'opération prendra le nom de réduction. L'assuré qui veut cesser le paiement de ses primes a donc le choix entre deux solutions : rompre définitivement son contrat et liquider son compte, c'est le rachat ; ou, au contraire, continuer son assurance en cessant de payer de nouvelles primes, c'est la réduction.

Nous sommes maintenant à même de résoudre une question que nous avions dû laisser de côté lorsque nous avions recherché les conséquences du non paiement des primes.

L'assuré qui veut cesser de payer ses primes a le choix entre deux partis, du moins lorsqu'il a déjà payé trois primes annuelles. Il peut soit demander le rachat de sa police, soit faire réduire son assurance par la compagnie. Quelle est, de ces deux solutions, celle qui est la conséquence nécessaire du non paie-ment des primes, quelle est, par suite, celle qui doit se produire de plein droit ?

Si nous nous en rapportons aux conditions géné-rales de notre police, c'est sans aucun doute la réduc-tion de l'assurance qui nous apparait comme la so-lution de droit. L'article 3 dispose en effet d'une part qu'à défaut de paiement de la prime l'assurance est résiliée, d'autre part que l'assurance résiliée est de nul effet ou réduite d'après la distinction établie en l'article 4. Ainsi la réduction se produira naturel-lement, sans demande de l'assuré ; le rachat au con-traire ne devra être accordé que sur la manifesta-tion de sa volonté formelle : article 11 « La compagnie rachète, à la demande des intéressés..... »

Cette interprétation nous parait en contradiction avec l'analyse que nous avons donnée du rachat et de la réduction. En cessant de payer ses primes l'assuré indique sa volonté de cesser de faire partie de la mutualité. Le compte qui lui avait été ouvert doit donc être liquidé, son solde créditeur doit être mis à sa disposition. Au contraire si l'assuré veut affec-ter cette somme qui lui revient comme prime uni-que à la constitution d'une nouvelle assurance, il doit en exprimer la volonté, de même qu'à la fin de cha-que année il doit manifester l'intention de renouveler

son assurance aux conditions prévues. En résumé
donc, nous pensons qu'en dehors de toute clause spéciale la réduction de l'assurance devrait être deman-
dée par l'assuré, alors que la valeur de rachat de sa
police devrait être de plein droit tenue à sa disposition (1).

§ 7. — La Compagnie est obligée à payer le capital assuré soit aux bénéficiaires soit aux cessionnaires qui
pourront être régulièrement saisis du bénéfice de la
police.

Nous sommes donc amenés à examiner comment
peut s'effectuer la transmission de l'assurance (2).

En principe, en effet, toutes les créances sont susceptibles d'être cédées et l'assurance sur la vie n'est,
en réalité, qu'une créance contre l'assureur. Mais, ici
comme ailleurs, le cessionnaire n'aura pas plus de
droits que le cédant ; il n'acquiert qu'une créance
éventuelle subordonnée à cette condition que l'assurance soit en pleine vigueur lors de la réalisation de
la condition. Si le contrat se trouve rompu par suite
du non paiement des primes ou d'une aggravation de
risques imputable à l'assuré, il subira les conséquences de la résiliation. De même que les droits du
cédant passent au cessionnaire, de même ce dernier
est exposé à se voir opposer toutes les exceptions qui

(1) Voir sur cette question : Deslandres, *De l'assurance sur la
vie*, p. 41 et 43.
(2) Nous traiterons cette question spécialement au point de
vue des obligations de l'assureur.

pouvaient être opposées au cédant. Ainsi, par exemple, la déchéance de l'assuré qui entreprend un voyage dans des contrées sujettes à surprime sans en prévenir la compagnie rejaillira sur le cessionnaire (1).

Pareillement, la résiliation de l'assurance pour non paiement des primes sera opposable au cessionnaire, sans que ce dernier puisse se plaindre de n'avoir pas été mis personnellement en demeure (2). En droit, en effet, la compagnie ne connait que l'assuré ; seul il s'est engagé à payer la prime annuelle, c'est à lui seul qu'elle peut être réclamée, c'est donc lui seul également qui doit être mis en demeure. A moins d'une stipulation contraire, le fait de la cession ne peut modifier cette situation ; le cédant ne peut *ipso facto* se faire substituer par le cessionnaire pour le paiement de la prime (3). La compagnie ne serait même pas obligée de mettre en cause le cessionnaire à l'ordre de qui a été endossée une police à ordre, car, pas plus que la stipulation faite au profit d'un tiers, l'endossement d'une police à son ordre n'a pour effet de le rendre personnellement débiteur des primes, à moins qu'il n'ait signifié la cession à la compagnie, et même qu'il n'ait demandé que l'attribution du bénéfice résultant de l'endos soit constatée par une

(1) Voir un jugement du trib. civ. de la Seine du 22 décembre 1893, J. des Ass., 1894, p. 63.

(2) Voir *suprà*.

(3) S. 89, 2, 97.

mention de transfert établie sur le double de la police de la compagnie (1).

Ainsi, d'une part les droits du cédant résultant de l'assurance passent tels quels au cessionnaire, d'autre part on peut opposer au cessionnaire toutes les exceptions opposables au cédant. Ce n'est que l'application du droit commun.

La cession d'une police d'assurance peut être soit une cession en toute propriété, soit simplement une cession en garantie ; rien ne s'oppose, en effet, à faire rentrer la police dans la définition très large que l'article 2071 du Code civil donne du nantissement. Remarquons, d'ailleurs, que la désignation d'un bénéficiaire antérieur ne s'opposerait pas à l'exercice de ce droit de l'assuré ; nous écartons, bien entendu, l'hypothèse où ce bénéficiaire serait, par son acceptation, devenu partie au contrat ; aucune cession ne serait alors valable sans son assentiment. La Cour de cassation a jugé que le bénéfice du contrat d'assurance peut être révoqué par le contractant tant que la stipulation n'a pas été acceptée par le tiers en faveur de qui elle a été faite (S. 88, 1, 121). Le preneur d'assurance reste maître de disposer de l'assurance comme il lui convient ; une cession en toute propriété équivaudrait donc à une révocation du bénéficiaire précédemment indiqué. Au contraire, une cession en garantie laisse subsister en principe le

(1) S. 91, 1, 335.

droit du bénéficiaire, mais ce droit est affecté d'une
limitation résultant de la garantie; le bénéficiaire
devra subir, sur le capital assuré, la déduction de ce
qui est dû au créancier gagiste (1).

Examinons quels sont donc les modes de cession
par lesquels peut se réaliser le transfert d'une police,
soit en pleine propriété, soit en garantie.

Nous lisons, dans l'article 12 de nos conditions
générales : « Le contractant peut, s'il a été expressément stipulé dans les conditions manuscrites que la
police est faite à son ordre, en transférer la propriété
par un endossement régulier, conformément aux articles 177 et 178 du Code de commerce. Les cessionnaires successifs ont la même faculté ».

Ainsi, en l'absence d'une loi spéciale sur la matière, les modes de cession des polices sont ceux du
droit commun, tant en matière civile qu'en matière
commerciale. La modification survenue dans les conditions de l'assurance et la détermination de ses
effets peut être également faite par un acte spécial
qui a reçu dans la pratique le nom d'avenant ; nous
aurons à rechercher quelle est la nature juridique de
cet acte.

Quel que soit le mode de cession adopté, une règle
reproduite dans notre article 12 domine toute la
question. « Toute cession, sous quelque forme qu'elle
ait lieu, doit, à peine de nullité, être approuvée par

(1) S. 72, 2, 65.

la personne sur la vie de laquelle l'assurance repose ».
Cette règle serait l'application d'un principe général
que l'on formulerait en ces termes : « Nul ne peut
avoir intérêt au décès d'une personne sans son consentement ». Nous avouons qu'ainsi conçu ce principe nous paraît trop compréhensif ; ainsi, par exemple, le nu propriétaire a certainement intérêt au
décès de l'usufruitier ; à la mort de ce dernier, en
effet, le droit du nu propriétaire prendra une nouvelle extension et portera sur la pleine propriété.
Cependant, il est admis généralement que le nu
propriétaire peut céder son droit sans avoir à justifier du consentement de l'usufruitier (1). Nous
croyons donc que, si ce principe doit être admis, il
doit être dans ses termes restreint à l'assurance sur
la vie ; en cette matière, la discussion sur la valeur
de ce principe serait d'ailleurs inutile, car il est consacré par un article spécial des statuts de toutes les
compagnies (2) s'inspirant d'un avis du Conseil d'É-
tat du 28 mai 1818. On a voulu empêcher la réalisation d'assurances sur la tête d'un tiers sans son consentement ; il a paru dangereux, d'une part que des
individus quelconques puissent avoir intérêt à la
mort d'une personne, à son insu ou contre son gré,

(1) Voir Dalloz, *Juris. gén.*, *Usufruit*, n° 000.
(2) Dans les statuts de la compagnie *La Nationale* nous lisons
à l'article 6 : « Aucune assurance sur la vie d'un tiers ne peut
être faite sans son consentement par écrit... ».

on a voulu surtout, d'autre part, empêcher la spéculation par l'assurance (1).

1º *Cession d'après le droit civil.*

Le contrat d'assurance est, en l'absence de dispositions spéciales, soumis aux règles du droit commun. Sauf certains cas exceptionnels, c'est un contrat civil, il doit donc être soumis, quant à sa transmission, aux règles du Code civil ; les règles applicables à sa cession seront celles des articles 1689 et suivants sur le transfert des créances et autres droits incorporels.

Il s'agit pour l'assuré de transmettre un droit in-

---

(1) Des auteurs ont voulu tirer de ce principe deux déductions auxquelles il ne conduit pas, à notre avis.

Pour établir que l'assuré qui a souscrit la police est, en dehors d'une convention spéciale, seul débiteur des primes et doit en conséquence être seul mis en demeure, on a fait valoir la considération suivante :

Si la Compagnie s'adressait au cessionnaire et le mettait en demeure de payer, sa procédure aurait pour effet de substituer le cessionnaire aux obligations du souscripteur, de modifier la police souscrite et de la transformer en une police sur la tête d'un tiers sans le consentement de ce tiers.

Dans une question voisine, celle de savoir si le cessionnaire a le droit de payer les primes aux lieu et place du souscripteur, sans le consentement exprès de l'assureur et de l'assuré, on a fait intervenir encore ce principe.

Nous croyons que ces deux questions sont en dehors de sa sphère d'application ; il ne s'agit pas ici de souscription, ni même de transmission de l'assurance. Il s'agit, pour le cessionnaire, de continuer une opération commencée, sans aucun but de spéculation. Il ne faut donc pas faire intervenir ce principe dans la discussion de la question.

corporel contre la compagnie ; aucune formalité n'est nécessaire ; le consentement des parties transfère la propriété, la délivrance entre le cédant et le cessionnaire s'opère par la tradition, conformément à l'article 1689.

Mais dans ces conditions le droit du porteur du titre à l'indemnité n'est établi qu'entre l'assuré et le bénéficiaire, par suite la compagnie, du moins en théorie, se libèrerait valablement entre les mains, soit du preneur d'assurance exerçant son droit de rachat, soit de cessionnaires postérieurs ; nous disons en théorie, car en pratique la compagnie ne paie jamais que sur la présentation du titre. Néanmoins il y a là pour le cessionnaire un danger qui peut être évité en rendant la cession opposable à la compagnie conformément aux prescriptions de l'article 1690 ; en dehors du cas qui se présentera rarement de l'acceptation du cessionnaire par la compagnie dans un acte authentique, la police sera valablement cédée à l'égard des tiers par la signification du transfert faite au débiteur cédé, c'est-à-dire à la compagnie. Par cette signification, le cessionnaire sera saisi à l'égard des tiers, dans l'espèce, des bénéficiaires désignés. (Article 1690). Au point de vue de l'obligation de la compagnie, il faut donc distinguer si elle paie au preneur d'assurance ou aux cessionnaires avant la signification. Dans ce cas son paiement est valable conformément à l'article 1691. « Si, avant que le cédant ou le cessionnaire ait signifié le transfert au débiteur, celui-ci avait payé le cédant, il sera valablement libéré ». La signification une fois faite, la compagnie ne peut plus, sans engager personnellement sa responsabilité, faire aucun paiement sans le concours du cessionnaire.

L'obligation de la compagnie existe donc, mais on peut se demander quelle est son étendue : doit-on la limiter à l'assurance annuelle en cours au moment de la cession ? Évidemment non ; la cession a aussi pour objet les créances éventuelles susceptibles de naitre des primes payées par l'assuré. L'assurance, comme dit M. Deslandres, n'a de valeur que si on envisage toute la durée de la vie de l'assuré, et l'on doit prétendre que ceux qui traitent relativement à une assurance se sont placés à ce point de vue, le seul où leur acte ait une signification.

2° Cession d'après le droit commercial.

Bien que le contrat d'assurance sur la vie ait en principe un caractère civil, on a songé à lui appliquer les procédés de transmission de la loi commerciale : on peut faire valoir, d'ailleurs, cette considération que l'opération de l'assurance sur la vie est un acte de commerce pour l'assureur, qu'en conséquence la créance qui nait contre lui est commerciale et peut par suite être transmise selon les procédés du droit commercial.

Rien ne s'oppose, au point de vue des textes, à transmettre une police par voie d'endossement dans les termes des articles 137 et 138 du Code de commerce. L'article 136, en effet, dispose simplement. « La propriété d'une lettre de change se transmet par la voie de l'endossement ». Cette disposition n'est pas limitative ; successivement la jurisprudence l'a étendue aux chèques, aux warrants, aux connaissements, aux lettres de voiture, aux polices d'assurances maritimes, aux obligations d'entreprises civiles. Il n'y a donc *a priori* aucune raison pour ne pas étendre également aux polices d'assurances sur la vie un mode de transmission qui a le double avantage de faciliter les transactions et de les rendre plus rapides (1).

(1) La tendance actuelle des assureurs semble peu favorable à la création de polices à ordre.

M. Adan, directeur de la Royale Belge, dans son étude sur le projet de révision du Code de commerce belge, écrivait déjà en 1870 : « L'endossement pur et simple de la police, conformément aux conditions de l'article 136 du Code de commerce, présente l'inconvénient grave de mettre l'assureur dans l'impossibilité matérielle de contrôler la justification des motifs de l'assurance ou du transfert, en le laissant sans arme contre la perpétration des assurances sans cause, ou contre leur falsification, c'est-à-dire contre des spéculations auxquelles il n'entend pas prêter son concours et que la morale réprouve. Nous en déduisons que la nature de l'assurance en cas de décès ne réclame nullement cette rapidité de transmission par voie d'endos, si bien justifiée en matière commerciale. Nous en déduisons encore que l'endossement se concilie mal avec les exigences d'un contrat qui se passe ordinairement en double et dont chaque exemplaire doit constamment offrir la représentation exacte de l'autre exemplaire. Mais nous en

Il est d'intérêt général de favoriser la circulation des valeurs mobilières et l'on peut soutenir que ce sera donner aux opérations d'assurances une vitalité

déduisons aussi que la nécessité d'observer les formalités prescrites par l'article 1690 du Code civil, afin de pouvoir lier le débiteur et les tiers vis-à-vis du cessionnaire, présenterait également de graves inconvénients, tant au point de vue des frais qu'entraînerait la notification du transport de l'assurance, qu'à celui du secret que cette opération réclame au même titre que les dispositions testamentaires.

Sans donc rechercher davantage si, dans l'état actuel d'une législation qui n'a point soupçonné le contrat d'assurance en cas de décès, la stipulation admettant son transfert par voie d'endossement est prudente ou imprudente, est légale ou illégale, réclame ou ne réclame pas vis-à-vis des tiers l'observation des formalités prescrites par l'article 1690 du Code civil, nous nous plaçons au point de vue de la *lex ferenda* et nous émettons le vœu de voir le législateur s'inspirer de ce qui a été admis pour le transfert des actions de la Banque de France (art. 4, décret du 15 janvier 1808) des rentes sur l'État (loi du 28 floréal, an VII, décret du 13 thermidor an XII, art. 6), règlement sur la dette publique belge (du 16 juin 1863) et décider que la cession des polices d'assurances en cas de décès ne pourra s'opérer qu'au moyen d'un transfert à signer sur chaque double du contrat par le cédant, le cessionnaire et l'assureur ainsi que par l'assuré, pour consentement, lorsque celui-ci sera un tiers autre que le cédant. Cette solution nous semble de nature à concilier l'intérêt de l'assuré, en permettant de sauvegarder le secret de son opération, en lui évitant des frais onéreux, l'intérêt de l'assureur en mettant celui-ci à même de contrôler l'honnêteté des motifs de la cession, l'intérêt des tiers, car ceux-ci sauront alors pertinemment que, s'ils veulent contracter avec l'assuré en considérant la garantie que peut leur offrir une police d'assurance en cas de décès, ils doivent lui réclamer la production préalable de sa police et faire ensuite consigner sur les deux doubles de celui-ci qu'elle leur est transférée à titre de gage, sauf à régler en même temps le contrat de gage lui-même conformément aux prescriptions de la loi civile. Enfin si des tiers veulent acquérir la police, la même production leur accusera l'existence ou l'étendue des droits qu'on peut leur transporter ».

La solution proposée par M. Adan a été adoptée sur le légis-

plus grande que de faire des polices l'objet de négociations promptes et faciles. Vainement objecte-t-on

lateur belge. L'article 42 de la loi du 11 juin 1874 par les assurances décide que « la transmission des droits résultant de l'assurance s'opère par le transfert de la police signé par le cédant, le
cessionnaire et l'assureur ».

En Italie, M. Vivante estime que « la police n'est pas destinée
à devenir un titre de crédit circulant dans le commerce. Les lois
qui l'obligent à subir ces formes lentes et solennelles de la cession, favorisent la nature de ce contrat, destiné le plus souvent à
un acte de prévoyance, dans le cercle restreint de la famille. La
cession de cette créance et la renonciation à cet acte de charité
sont le signe presque constant d'une gêne financière ; et il est bon
que dans ce moment critique les formes rigoureuses de la cession
sauvegardent les intérêts de tous, spécialement ceux des créanciers ».

Après M. de Courcy (*Précis d'ass. sur la vie*, p. 220) et suivantes)
M. Bailly, qui a consacré d'excellentes études à la question de la
transmission des polices d'assurance sur la vie, se montre également un adversaire convaincu de leur négociation par endossement. D'après cet auteur, la police d'assurance sur la vie ne saurait
être rangée dans la catégorie des effets de circulation pour lesquels
seuls se comprend la négociation selon le mode du droit commercial. « Pour peu qu'on réfléchisse, dit-il, aux conditions du contrat d'assurance sur la vie, on se rend très bien compte que ce
contrat ne peut pas être l'objet de négociations multiples, qu'il ne
peut pas être une valeur de circulation. En effet, une valeur de
circulation doit : 1° pouvoir être transmise presque aussi facilement que la monnaie ; 2° pouvoir, à l'échéance, être échangée immédiatement soit contre espèces, soit (comme les warants et les
connaissements) contre marchandises réalisables dans un bref délai
sans discussion, à peine de faillite contre le porteur récalcitrant ;
3° représenter une somme déterminée ; 4° avoir une échéance fixe
et courte. Or, une police d'assurance sur la vie ne remplit pas ces
conditions. En effet, avant d'accepter en paiement ou en gage une
police d'assurance sur la vie, le preneur doit prudemment : obtenir le consentement de l'assuré au transfert, vérifier si toutes les
primes échues sont payées, si, par conséquent, le contrat est toujours en cours et n'a pas été réduit, se renseigner auprès de la
compagnie d'assurance sur la valeur de rachat de la police.

Dans ces conditions, il est impossible que la police d'assurance

que l'assurance est un contrat civil, nous avons déjà
ébranlé cette objection en faisant remarquer son caractère commercial chez l'une des parties. Mais il
faut aller plus loin et tendre à effacer autant que
possible ces démarcations entre le civil et le commercial. On reconnaît maintenant que le temps n'a
pas moins de prix dans la vie civile que dans la vie
commerciale, que la célérité et l'économie sont bonnes pour tout le monde et qu'il n'y a pas de raison
pour en limiter le bénéfice à une classe de personnes.
De plus en plus, la pratique civile tend à s'écarter
des habitudes lentes, graves et parfois trop circons-
pectes du droit commun ; elle emprunte à la vie commerciale ses procédés : le droit commercial tend manifestement à absorber dans bien des cas le droit
civil (M. Beudant, *Note sous arrêt du 8 mai* 1878, D.
78, 1, 211). Les principes généraux le permettent, et

sur la vie circule avec la rapidité d'un effet de commerce ordinaire. On ne saurait donc la considérer comme une valeur de circulation.

« Si les polices devenaient par impossible des effets de circulation,
l'assurance sur la vie pourrait donner lieu à des spéculations im-
morales, et à un agiotage scandaleux ; suivant que la santé de
l'assuré serait plus ou moins bonne, la police à ordre qui, grâce à
l'endossement en blanc, peut circuler comme un titre au porteur,
serait plus ou moins recherchée sur le marché, plus ou moins co-
tée ; on jouerait sur la vie de l'assuré comme on joue à la hausse
ou à la baisse ; qui sait si on n'arriverait pas à publier, quand l'assuré serait malade, des bulletins de santé, comme on publie les
performances des chevaux engagés dans une course ! Ainsi se trou-
veraient justifiées toutes les objections qu'on a élevées jadis contre
la moralité des assurances sur la vie ».

Voir la réfutation de ces objections dans Lefort, t. I, p. 38 à 40.

les polices, en prévoyant ce mode de transmission, font loi entre les parties conformément à l'article 1131. L'article 12, § 1er de notre police porte :

« Le contractant peut, s'il a été expressément stipulé dans les conditions manuscrites que la police est faite à son ordre, en transférer la propriété par un endossement régulier, conformément aux articles 137 et 138 du Code de commerce ». Il ne faut pas s'imaginer d'ailleurs que la faculté d'endossement soit une faveur attachée à la nature commerciale d'un titre. La cause véritable c'est la clause à ordre. Entre la clause à ordre et la faculté d'endossement il y a une corrélation nécessaire : tout titre qui renferme la clause à ordre est cessible par endossement ; cette cessibilité en forme un des attributs essentiels, elle s'identifie avec le titre comme avec la clause à ordre d'où elle découle. Mais la clause à ordre ne peut être sous-entendue, la loi en notre matière est très formaliste et la police devra expressément et nécessairement stipuler que le contrat est transmissible par endossement. L'endos, pour être régulier, devra contenir les mentions exigées par l'article 137 : il devra être daté, exprimer la valeur fournie et énoncer le nom de celui à l'ordre de qui il est passé ; enfin, et bien que la loi ne le dise pas, il devra être signé par l'endosseur ou cédant.

Ces formalités, en l'absence desquelles l'endos est irrégulier, nous amènent à faire une importante dis-

tinction qui écarte des objections que l'on a parfois
soulevées contre la transmission par endos des polices
d'assurance sur la vie. Nous distinguerons soigneu-
sement les transmissions à titre gratuit et les transmissions à titre onéreux ; ces dernières seules peuvent
s'effectuer par endossement et cela pour la simple
raison que l'endossement doit exprimer la valeur
fournie. Cette énonciation est impossible si la transmission a lieu à titre gratuit. Écrira-t-on au-dessus
de l'endos « valeur en bons soins, en affection... ».
Si respectables que soient l'affection et les sentiments
de famille, ce ne sont pas des valeurs qui ont cours
en matière commerciale, donc on ne peut libeller
ainsi l'endos. Si on ne met rien, l'endossement est
nul, faute de l'accomplissement d'une des formalités
requises. Si on met une mention fausse » valeur
fournie comptant ou en espèces , tout le monde sera
admis à en prouver la fausseté, parce qu'il y aura là
une fraude à la loi (1) ».

Nous considérons donc que la transmission par
la forme de l'endos est inapplicable au cas d'une cession à titre gratuit.

Nous examinerons rapidement quels sont les inconvénients et les avantages de la clause à ordre en
général ; nous étudierons, spécialement au point de
vue des obligations de l'assureur, quels sont ses ef-

(1) Couteau, t. II, p. 353.

fets, appliquée à l'assurance sur la vie ; nous nous rendrons compte ainsi des différentes opinions auxquelles cette extension de la clause à ordre a donné naissance.

Les adversaires de la clause à ordre font remarquer d'abord ses inconvénients en cas de perte du titre ; les dispositions de la loi du 15 juin 1872, de l'avis général, ne peuvent être étendues à la perte de la police, la compagnie ne pourra donc ni délivrer un duplicata, ni même payer le capital au décès de l'assuré ; la prescription de droit commun étant la seule applicable, la compagnie pour se libérer fera son versement à la Caisse des Dépôts et Consignations, et ce n'est qu'au bout de 30 ans que les ayants droit pourront toucher le capital, faute de représentation de la police par un tiers porteur. De plus, ajoute-t-on, il faut pour la validité du transfert des conditions de rédaction telles que l'omission de l'une d'elles rend l'endossement irrégulier ; enfin, d'après le principe que toute cession doit, à peine de nullité, être approuvée par la personne sur la tête de laquelle l'assurance repose, le cessionnaire ou endossataire doit, dit-on, à chaque endossement obtenir le consentement par écrit de l'assuré.

Ces critiques ne nous semblent pas très fondées ; sans doute la perte d'une police à ordre entraîne des conséquences fâcheuses, mais l'assuré ou ses ayants droit ne se trouvent pas dans une situation de beaucoup préférable en cas de perte d'une police ordinaire ; ils ne peuvent davantage obliger la compagnie à leur délivrer un duplicata du titre et si la compagnie consent plus facilement à passer outre à la remise de la police, elle est néanmoins en droit d'exiger toutes garanties, soit personnelles, soit réelles contre les recours qui pourraient se produire.

Quant aux conditions de rédaction de l'endossement, elles sont bien exigées, à peine de nullité, mais elles ne présentent vraiment aucune complication et ne peuvent être considérées comme une difficulté sérieuse. Reste la question de l'exigence du consentement par écrit de l'assuré à chaque endossement ; encore qu'il n'y ait pas là une formalité bien gênante, nous avouerons, quant à nous, qu'elle nous parait peu en rapport avec la nature de la clause à ordre. L'assuré qui a souscrit une police à ordre ne pourrait-il pas être réputé avoir par là même donné par avance son consentement à toutes les cessions à venir ? Cette interprétation donnée à sa volonté concilierait les exigences du principe avec les besoins de célérité du transfert ; les statuts de la compagnie *la France* nous paraissent être entrés dans cet ordre d'idées, mais avec des restrictions dictées par la prudence de la pratique ; nous lisons dans ces statuts : « La propriété des contrats et des engagements émis par la société est transmissible par voie de transfert constaté sur le titre même. Le transfert doit énoncer le nom de celui à qui la propriété est transmise ; il doit être daté et signé par le titulaire. Si le titulaire n'est pas en même temps celui sur la tête duquel repose l'assurance, le consentement doit être exigé à chaque transfert et notifié à la compagnie ».

« Toutefois, en donnant son consentement à un premier transfert, l'assuré peut en même temps et d'une manière expresse consentir à tous transferts à venir ».

« Chaque transfert, dans ce cas, doit être notifié par le nouveau propriétaire du contrat à la compagnie qui donnera connaissance de la notification à l'assuré lorsque celui-ci en fera la demande ».

Les inconvénients de la clause à ordre étant écartés ou atténués, restent les avantages indiscutables qu'elle présente pour la transmission d'une police d'assurance sur la vie. En premier lieu elle remplit admirablement le but que se propose souvent l'assuré : transférer le bénéfice de l'assurance à une tierce personne sans révélation de la transmission. De plus, elle n'entraine aucune espèce de frais et n'est soumise à aucun droit fiscal, elle échappe aux formalités comme au droit d'enregistrement (art. 70, § 3, 15, loi du 22 frim. an VII). Enfin, par la simplicité de sa forme et par sa rapidité elle est le mode de transmission par excellence au point de vue de la circulation du titre.

Examinons donc quels sont les effets de l'endossement appliqué à une police d'assurance sur la vie, en insistant spécialement sur les obligations qui en résultent pour la compagnie.

Nous posons en principe que l'endossement d'une police d'assurance sur la vie produira tous les effets qui sont les conséquences nécessaires de la clause à ordre; au contraire il ne produira aucun des effets qui sont spéciaux aux lettres de change: ainsi les dispositions de la loi sur la perte du titre, sur la prescription, sur le protêt, les droits et devoirs du porteur, sur l'obligation incombant au tireur de garantir l'acceptation du tiré, etc., sont par la nature même des choses manifestement inapplicables à notre matière.

Les effets qui découlent uniquement de la clause à ordre peuvent se ramener à quatre:

1° La cession sera opposable aux tiers à la date de l'endossement indépendamment de toute signification ou acceptation;

2° Le débiteur ne pourra opposer au dernier porteur les exceptions qui étaient opposables aux endosseurs successifs, mais uniquement les exceptions nées directement dans les rapports entre le débiteur et le dernier porteur; il n'en sera autrement que si le porteur s'est rendu complice d'une fraude destinée à obtenir un paiement qui sans cela aurait pu être évité au moyen d'une exception; autrement dit, le cessionnaire sera à l'abri de toutes les exceptions qui ne lui sont pas personnelles et qui ne résultent pas de la teneur du titre;

3° Le cédant sera garant, non seulement de l'existence du droit, mais du paiement effectif à l'échéance ;

4° Le débiteur ne pourra payer valablement qu'au pòrteur et sur la présentation du titre.

Appliqués à nos polices ces deux derniers effets ne soulèvent pas de difficultés sérieuses ; nous avons vu précédemment ce qui se passe en cas de perte de la police ; quant à la garantie du cédant, elle n'ajoute pas grand'chose à la sécurité du cessionnaire ni au crédit de la police ; toutefois, la question s'est posée devant les tribunaux de savoir si le cédant d'une police à ordre est garant du paiement effectif pour le cas où le débiteur, c'est-à-dire l'assureur, ne paie pas lui-même. La compagnie avait invoqué avec succès la déchéance parce que le décès de l'assuré était le résultat d'un suicide ; le tribunal de commerce de la Seine a jugé que, l'assurance se trouvant sans effet, l'endosseur est garant envers le cessionnaire du paiement du capital assuré et doit, par suite, le payer aux lieu et place de la compagnie. C'est l'application logique d'un des effets de la clause à ordre (1).

Mais les autres conséquences résultant de la clause à ordre ont soulevé d'ardentes discussions.

D'après la doctrine que nous croyons vraie, l'endossement d'une police d'assurance sur la vie créée

(1) Jugement du 7 juin 1888, *J. des Ass.*, 1888, p. 482.

à ordre est parfait par lui-même ; il produit ses effets
à l'égard de tous en dehors de toute signification ou
acceptation de la compagnie. La Chambre des requêtes, par arrêt du 15 mars 1892, a approuvé cette
opinion en décidant que l'effet légal de la clause à
ordre est de rendre le titre civil qui en est pourvu
transmissible par endossement, sans qu'il soit nécessaire de recourir aux formalités prescrites par l'article 1690 pour que l'endos soit opposable aux
tiers (1).

La compagnie ne pourra pas davantage opposer
au porteur de la police les exceptions qu'elle était en
état d'opposer aux endosseurs successifs : cette importante conséquence, contraire à l'idée générale que
le cessionnaire est l'ayant cause du cédant, s'explique
par cette considération que l'assureur, s'étant obligé
à ordre, a par là même renoncé d'avance aux moyens
de défense qu'il aurait pu avoir contre le preneur.
La compagnie ne pourra donc pas invoquer les dé-
chéances encourues par l'assuré en cas de réticences
ou de fausses déclarations, en cas de mort par suite
de duel, suicide, condamnation judiciaire, ou en cas
de mort au cours d'un voyage entrepris sans autorisation de la compagnie hors des limites permises. Il
faut admettre, toutefois, semble-t-il, que l'assureur
pourra invoquer la déchéance résultant du non paie-

(1) *Le Droit financier*, 5 juillet 1892, p. 277.

ment de la prime, car le porteur, par la nature même
du titre, est averti que ce paiement est de l'essence
du contrat et que la prime est la cause même de l'o-
bligation de l'assureur. « On pourrait être tenté de
dire, font remarquer MM. Lyon-Caen et Renault,
qu'avec cette doctrine il pourra dépendre de l'assuré
de faire en quelque sorte disparaître la nullité de
l'assurance au grand détriment de l'assureur, en
transmettant la police à un tiers avec qui il sera de
connivence. Mais le danger n'existe pas réellement.
Tout le monde reconnait qu'en cas de fraude du tiers
porteur, les exceptions opposables au porteur précédent subsistent contre le porteur nouveau (1).

La transmission d'une police par voie d'endossement produira donc, selon nous, cet effet capital
qu'elle rendra impossible toute opposition, toute saisie-arrêt de la part des créanciers des porteurs antérieurs ; les endosseurs successifs ne sont pas, nous le
répétons, ayants cause les uns des autres, ce sont de
véritables créanciers directs ayant acquis des droits
indépendants les uns des autres. Suivant une expression, saisissante la clause à ordre purge à chaque mu-
tation, la créance de tous les vices cachés qu'elle peut
recéler. Le tribunal de commerce de la Seine (jugement du 9 janvier 1893) a appliqué aux polices d'assurance sur la vie ce remarquable effet de la clause à

(1) *Traité de droit commercial*, t. IV, n° 131.

ordre et il a jugé que la transmission de propriété par
endossement est opposable même aux tiers ayant signifié à l'assureur des oppositions antérieurement
au transfert, conformément à l'article 149 du Code
de commerce (1). En dehors donc de l'exception formulée par cet article, nous estimons que les polices
d'assurance sur la vie transmissibles par voie d'endossement ne sauraient être utilement frappées de
saisie-arrêt et que, par conséquent, la compagnie se
libèrerait valablement, sans avoir à exiger mainlevée de ces oppositions.

Toutes ces conséquences découlent logiquement et
nécessairement de la clause à ordre. Il y a là, pour
ainsi parler, comme une sorte d'engrenage ; la clause
à ordre une fois admise, il faut en subir tous les
effets. Ils sont inhérents à l'endossement, ils se rattachent tous à cette idée fondamentale que, par suite
de l'ordre, le débiteur s'est engagé, non envers une
personne déterminée, mais envers le porteur quel
qu'il soit (2).

Les Cours d'appel se sont généralement refusées
à admettre ces effets (3). Leur jurisprudence, dont

---

(1) *J. des Ass.*, 1863, p. 135 et 440 ; *Le Droit*, 23-24 janvier 1863.
La *Compagnie d'Assurances générales* n'accepte pas ce jugement
et continue à exiger mainlevée des oppositions.

(2) Voir la remarquable note de M. Beudant au D. P. 1878, 1,
241.

(3) V. Lyon, 22 mars 1830 ; Limoges, 27 novembre 1845, D. P.
47,2,37, Caen, 14 juin 1876, D. P. 78.2.133.

l'expression la plus complète se trouve dans un arrêt de la Cour de Riom du 27 juillet 1875, peut se résumer ainsi : la loi n'autorise l'usage de l'ordre qu'en matière commerciale ; en matière civile, le droit commun réside dans l'article 1690. Sans doute l'extension à un titre civil de la clause à ordre est licite, mais les titres civils contenant cette clause ne sortent pas pour cela de la sphère d'application de l'article 1690, l'endossement de ces titres ne vaut que comme simple transfert, il ne produit d'effet qu'entre le cédant et le cessionnaire ; ce dernier ne sera saisi à l'égard des tiers que par la signification du transfert au débiteur.

Pour combattre ce système on a fait remarquer que, d'après l'opinion générale, l'endossement d'un billet simple, c'est-à-dire ne contenant pas la clause à ordre, vaut comme transfert entre les parties quoique ne produisant pas d'effet à l'égard des tiers (1). On peut donc se demander à quoi servira l'adjonction de la clause à ordre si elle ne doit produire aucun effet particulier. Il faut pourtant bien admettre que les parties, en stipulant cette clause à ordre, ont voulu y attacher un sens quelconque ; on doit, d'ailleurs, nécessairement interpréter une clause susceptible de deux sens plutôt dans le sens où elle est susceptible de produire un effet ; mais il n'est même pas,

_____

(1) Rej., 11 novembre 1851, D. 51,1,313.

à notre avis, nécessaire de faire intervenir cette règle d'interprétation, car le seul sens que peut avoir la clause à ordre, c'est « d'exprimer que l'obligation pourra être transmise par endossement et que cet endossement produira les mêmes effets que l'endossement d'une lettre de change ou d'un billet à ordre ordinaire (1) ».

Les effets de la clause à ordre dont nous avons fait l'application aux polices d'assurance sur la vie tiennent à sa nature même; il importe peu que le titre soit civil ou commercial. Quel a été le but de la loi en édictant les dispositions de l'article 1690? le législateur a voulu que le débiteur soit au courant des cessions de son obligation, afin qu'il sache entre les mains de qui s'acquitter, et par suite qu'il puisse se libérer valablement ; de là l'exigence soit de son acceptation, soit d'une signification lui notifiant à qui il doit désormais payer. Avec un titre à ordre ces formalités sont inutiles. En créant un titre à ordre, nous insistons sur cette idée, le débiteur s'engage directement envers celui qui en sera porteur a l'échéance ; en acceptant la clause à ordre, il a promis de reconnaître comme créancier quiconque serait porteur du titre, « il s'est tenu d'avance pour signifié et pour avoir accepté le transfert à quelque personne qu'il fût fait, et sans signification antérieure ».

(1) Massé, Dr. compar., t. IV, n° 2391.

Ce sont bien là les effets qui découlent des articles 137 et suivants du Code de commerce. Ils sont appliqués aux polices d'assurances sur la vie par la convention qui fait loi entre les parties ; ils sont la conséquence nécessaire et forcée de la clause à ordre. On peut discuter sur l'utilité de créer des polices à ordre ; mais quand on se trouve en présence d'une police qui renferme la clause à ordre, la logique vous entraine rigoureusement à lui en appliquer les conséquences naturelles.

3° Transmission par avenant.

Nous avons défini l'avenant l'acte qui constate une modification survenue dans les conditions de l'assurance et qui en détermine les effets. Grâce à lui, l'assuré peut donc réaliser les opérations les plus diverses, dation en paiement, nantissement, donation, cession à titre onéreux.

A ce dernier point de vue, l'avenant parait même préférable aux autres modes de cession, notamment en ce que la compagnie d'assurances, étant partie dans cet acte, le cessionnaire pourra stipuler que la compagnie devra le mettre personnellement en demeure de payer les primes ; ainsi il ne sera pas exposé au danger d'une annulation de l'assurance opérée à son insu.

La compagnie n'est pas obligée de faire établir tout avenant demandé par l'assuré, mais elle ne peut

se refuser aux modifications qui ne souffrent pas
difficulté ; le changement n'entraine d'autres frais
que la perception du coût de l'avenant qui est modi-
que. L'avenant est établi en double comme la police,
et il a la même force qu'elle.

Mais on s'est demandé quelle est, au point de vue
juridique, la nature de cet avenant. Cette question a
donné naissance à trois systèmes et les effets de l'a-
venant varient selon la solution que l'on adopte.

L'attribution d'une police d'assurance par voie
d'avenant constitue, d'après un premier système, une
simple novation par changement de créancier et non
pas une cession de créance (1). Il importe, en effet,
a fait remarquer la Cour de cassation (2), de constater que l'avenant ne saurait être confondu avec un
contrat de transfert dont la validité et les effets seraient subordonnés aux significations prescrites par
les articles 1690 et 2075 du Code civil : l'avenant
laisse au contrat son caractère spécial de contrat
d'assurance sur la vie. Dans ce système on décidera
donc que l'attribution sera valable à l'égard des tiers
indépendamment de toute formalité ; de plus, le droit
du bénéficiaire désigné dans l'avenant prendra date
du jour de l'avenant lui-même ; en effet, l'ancienne
obligation de la compagnie est éteinte et remplacée

(1) Paris, 18 juillet 1884, R. P. 1885, p. 115 ; Périgueux, 31 décembre 1887, *J. des Ass.*, 1888, p. 130.
(2) 16 janvier 1888, *J. des Ass.*, 1888, p. 63.

par la nouvelle obligation contractée par la compagnie. Il en résulte que si l'obligation primitive était entachée d'un vice qui la rendait annulable, ou était exposée à une exception du chef de l'assuré, la nouvelle obligation peut, au contraire, être exempte de tout vice. Le débiteur, en acceptant de substituer une nouvelle obligation à l'obligation précédente, peut être réputé avoir confirmé celle-ci, du moins si les conditions requises pour la confirmation existaient au moment de la novation.

La Cour de Douai, au contraire, par arrêt du 3 juin 1885, a jugé que la substitution d'un bénéficiaire à un autre, opérée dans un avenant, constituait une cession de créance assujettie aux formalités édictées par les articles 1690 et 2075 du Code civil (1); mais cet arrêt a été déféré à la Cour de cassation, le pourvoi a été admis par la Chambre des requêtes le 26 mai 1886 (2) et l'arrêt a été cassé par la Chambre civile le 16 janvier 1888 (3).

Le système généralement suivi par la jurisprudence a été clairement exposé dans les motifs d'un arrêt de la Cour d'Amiens du 31 janvier 1889. « L'avenant ne constitue ni une novation dans les termes de l'article 1271 du Code civil, car la compagnie ne contracte aucun engagement nouveau, ni un trans-

(1) *Rec. pér. des Ass.*, 1885, p. 321.
(2) *Id.*, p. 323.
(3) *J. des Ass.*, p. 68.

fert de créance dans les termes de l'article 1689, car on ne trouve dans cet avenant ni cédant ni cession-naire formant entre eux le contrat prévu par cet article, et on n'y trouve pas davantage le prix de cession. L'avenant ne fait qu'opérer, ce qui est dans le droit des parties, une modification du contrat primitif ».

En effet, d'une part l'intention de nover, qui est un élément essentiel de la novation, ne paraît pas exister ; les parties n'ont pas songé à éteindre l'obligation primitive et à en créer une nouvelle ; c'est bien la même obligation qui continue avec sa date, sa prime, ses conditions, ses vices, si elle en a (1). Il n'y a pas d'engagement nouveau, donc pas de novation.

D'autre part il n'y a pas transfert de créance puisque l'assuré ne fait en somme que modifier sur la police, d'accord avec la compagnie et au moyen d'un avenant, le nom qui y avait été primitivement inscrit. Nous en concluons donc que le bénéficiaire désigné par avenant, une fois qu'il aura accepté, devra être considéré comme saisi *ab initio* du droit au capital assuré, il est dans la même situation que s'il avait été désigné par la police même ; il se verra donc opposer toutes les exceptions, toutes les causes de nullité que l'assureur pouvait opposer au souscrip-

(1) Cf. Bailly, n° 176.

teur de la police primitive. Mais, en compensation, par la même raison, il sera saisi à l'égard des tiers indépendamment des formalités prescrites par les articles 1690 et 2075. On attache, en effet, à la désignation par avenant les mêmes effets qu'à la désignation par la police ; cette désignation est régie par l'article 1121, or il est admis que le tiers acquérant un droit en vertu de cet article est dispensé des significations prescrites par les articles 1690 et 2075. Enfin les saisies-arrêts pratiquées entre les mains de l'assureur par les créanciers de l'assuré, sur le montant du capital, ne pourront être opposées au bénéficiaire désigné par avenant ; la compagnie se libèrera valablement sans avoir à demander mainlevée des oppositions, car le droit du bénéficiaire remonte au jour de la création de la police et il est réputé rétroactivement n'avoir jamais figuré dans le patrimoine de l'assuré (1).

(1) Toutefois, nous devons indiquer que l'opinion d'après laquelle le droit du bénéficiaire est réputé avoir pris naissance au jour même de sa désignation n'a pas été toujours admise. On a voulu soutenir en effet que l'assurance sur la vie se décomposait en deux opérations distinctes : une acquisition d'un droit par l'assuré, une rétrocession de ce droit par l'assuré au bénéficiaire. Dans ce système l'assuré acquiert une créance contre l'assureur ; cette créance a donc fait partie de son patrimoine, ne fût-ce qu'un instant de raison ; autrement dit, le bénéficiaire est l'ayant cause, non plus de la compagnie, mais de l'assuré ; le droit qu'il recueille n'entre dans son patrimoine qu'après avoir passé par le patrimoine de l'assuré. Mais cette analyse de l'assurance a été écartée à bon droit comme contraire à la réalité des faits, et de-

puis 1881 la jurisprudence de la Cour de cassation admet que, dès le jour de sa désignation, le bénéficiaire d'un contrat d'assurance sur la vie est saisi directement et exclusivement d'une créance sur la compagnie, si tels événements se réalisent. Seulement il faut avoir soin de distinguer si le bénéficiaire est nommément désigné ou s'il est indéterminé, car dans ce dernier cas, la Cour de cassation ne lui reconnaît pas de droit propre et indépendant de sa vocation héréditaire (V. ci-après, 2ᵉ *partie, ch.* II).

Nous avons à peine besoin de faire remarquer l'intérêt considérable de la question. Si le contrat d'assurance sur la vie a figuré dans le patrimoine de l'assuré, il a fait partie du gage général de ses créanciers ; ces derniers pourront donc être admis à prouver que la cession a été fait en violation de leurs droits (art. 1167, C. civ., art. 446, C. com.). De même les héritiers réservataires en prouvant que la cession consentie par leur auteur n'est qu'une donation, tiendront compte du capital assuré dans le calcul de la quotité disponible et pourront en demander le rapport ou la réduction.

CHAPITRE II

OBLIGATIONS DE L'ASSUREUR AU DÉCÈS DE L'ASSURÉ.

L'assureur est obligé de payer le capital assuré lorsque se réalise la condition prévue.

C'est là l'obligation essentielle du contrat d'assurance, celle à l'exécution de laquelle tendent toutes les autres obligations dont nous avons abordé l'étude. L'exactitude des déclarations de l'assuré, le maintien du risque dans les conditions normales, le paiement régulier des primes sont les conditions auxquelles se trouve subordonné l'engagement de l'assureur; d'autre part, si la compagnie est obligée à se soumettre aux exigences de la loi pour la validité de sa constitution, si elle doit constituer ses réserves mathématiques et faire les emplois que la prudence de ses statuts a déterminés, c'est afin d'offrir à ses assurés la garantie qu'elle sera, à chaque instant, en mesure de remplir cette obligation primordiale : payer les capitaux assurés.

En principe l'assureur garantit tous les risques de mort, quelle qu'en soit la cause (art. 5 de notre police) ; mais, en dehors des cas où le sinistre est dû à une des aggravations de risque que nous avons étudiées, il est une exception qui n'a pas besoin de justification, tellement les motifs qui l'ont inspirée s'imposent. L'assurance est de nul effet si la personne sur la tête de laquelle elle repose perd la vie par le fait du bénéficiaire du contrat (art. 6, § 1).

La plupart des compagnies d'origine récente ont fait rentrer cette clause dans leurs statuts, il s'agit là d'une véritable disposition d'ordre public; on n'hérite pas de ceux qu'on assassine. C'est l'idée même des rédacteurs du Code civil quand ils ont déclaré indignes de succéder et, comme tels, exclus des successions, « ceux qui seraient condamnés pour avoir donné ou tenté de donner la mort au défunt ». Si nous rapprochons la clause de notre police des termes de l'article 727, nous remarquerons que notre disposition est à la fois moins rigoureuse dans un sens et plus sévère dans un autre. D'une part, en effet, elle ne parle pas de tentative, on ne pourrait donc assimiler la tentative au meurtre lui-même ; d'autre part elle n'exige pas de condamnation, il suffit que l'assuré ait perdu la vie par le fait du bénéficiaire. La disposition de notre police conserverait donc son utilité à côté de l'article 727, dans le cas où le bénéficiaire de la police serait en même temps héritier de l'assuré. Remarquons, en sens contraire, qu'elle serait insuffisante et donnerait lieu à une situation bizarre dans l'hypothèse où le bénéficiaire qui aurait simplement tenté de donner la mort à l'assuré serait lui-même le souscripteur de la police, ou bien serait intervenu à la police en acceptant la stipulation faite à son profit, ce qui aurait eu pour effet de la rendre irrévocable.

D'ailleurs, il faut dans l'application de ce principe tenir compte du motif qui l'a inspiré ; on a voulu empêcher des actes criminels de la part de ceux qui ont précisément intérêt à la mort de l'assuré. Il faut donc, croyons-nous, restreindre l'application de cette clause aux faits volontaires de la part du bénéficiaire : un homicide par imprudence, un meurtre commis dans un accès de folie, d'hallucination, ne tomberaient pas sous le coup de notre article.

L'obligation de l'assureur prend naissance au moment précis où le sinistre vient à se produire : c'est donc à ce moment qu'il faut se placer pour examiner si le contrat est en pleine vigueur ou si la demande de paiement pourrait, au contraire, être écartée par une exception. Cette remarque présente surtout de l'intérêt en matière d'assurance accidents : il a été jugé notamment que si la police est encore en vigueur au jour du sinistre, l'assureur doit payer l'indemnité convenue, sans avoir à rechercher si les conséquences du sinistre se sont produites à une date ultérieure et même postérieure à la résiliation de l'assurance (1). C'est d'ailleurs de jurisprudence en matière d'assu-

(1) Cass., 25 janvier 1886 ; *J. des Ass.*, 1888, p. 181.

rance contre l'incendie. Mais il ne saurait être fait
sur ce point aucune assimilation entre les assurances contre les accidents et les assurances sur la vie.
Dans l'assurance sur la vie, en effet, c'est le décès
de l'assuré seul qui fait naître pour l'assureur l'obligation de payer le capital stipulé. Il importerait donc
fort peu que les ayants droit d'un assuré, dont la police aurait été résiliée pour défaut de paiement de
la prime, fassent la preuve que la maladie à laquelle
l'assuré aurait succombé remontait à une date antérieure à la résiliation. Ce qui rend la compagnie débitrice, ce n'est pas la maladie, c'est la mort ; et
ainsi se trouve écartée cette opinion d'un auteur (1)
d'après lequel, dès que l'assuré est malade, le sinistre
est commencé et l'assureur ne peut plus se soustraire à ses engagements.

Mais si la réalisation de la condition suffit à elle
seule pour faire naître à la charge de l'assureur l'o-
bligation de payer le capital assuré, il faut cependant que l'événement lui soit notifié. C'est aux intéressés à informer la compagnie, ce n'est pas à elle à
prévenir leur demande ; les polices prévoient même
un certain délai dans lequel cette notification doit
être faite ; l'article 13 de notre police stipule : « le
décès de l'assuré doit être notifié à la compagnie par

_____

(1) Mornard, *Du contrat d'assurance sur la vie*, p. 103. Cet
auteur fait valoir cette considération à l'appui de la doctrine qu'il
défend de l'assurance indemnité.

les ayants droit au bénéfice de l'assurance dans un délai de trois mois à compter de la date de ce décès ». Cette disposition est légitime : remarquons d'ailleurs que, si dans certains contrats le délai fixé est un véritable délai de forclusion passé lequel les ayants droit ne sont plus admis à faire aucune réclamation, la règle de notre police ne comporte aucune espèce de sanction.

Réciproquement, la compagnie qui, en théorie, devrait payer aussitôt après le décès, se réserve dans les conditions générales de la police un certain délai pour se libérer. « Les sommes dues par la compagnie, porte notre article 14, sont payées..... dans les trente jours de la remise de la police et des pièces justificatives ». Ce délai s'explique par la nécessité où se trouve la compagnie d'examiner et de vérifier les pièces qui lui sont produites de manière à faire un paiement valable et libératoire.

A qui la compagnie doit-elle payer? Autrement dit, le sinistre survenant, à qui se fera l'attribution du capital assuré. Ainsi posée, la question se résout facilement par la distinction suivante : ou bien l'assuré a désigné nommément les personnes qui doivent bénéficier de l'assurance, et dans ce cas ce seront elles qui recueilleront le capital ; ou bien, il a souscrit son contrat au profit de personnes indéterminées lors de la souscription, par exemple au profit de ses héritiers ou de sa succession. Dans ces conditions le capital assuré ne constitue plus un émolument indépendant de toute qualité héréditaire ; il tombe dans la succession du souscripteur de la police et sera compris dans le gage de la succession.

Mais la question devient complexe si, se plaçant à un nouveau point de vue, on se demande par quel lien de droit la compagnie se trouve obligée envers les ayants droit de l'assuré, bénéficiaires déterminés ou indéterminés.

A. — Supposons d'abord une assurance souscrite au profit de personnes nommément désignées dans la police.

Si on va au fond de l'intention des parties, on découvre que l'assuré veut réaliser en général un double but : d'une part il veut créer un capital indépendant de sa succession, et le faire parvenir au bénéficiaire aussi sûrement que possible ; d'autre part, il veut se réserver le droit de résilier l'assurance, ou d'en faire passer le bénéfice sur une autre tête. Comment concilier ces deux désidérata en apparence contradictoires ? Le souscripteur de l'assurance a stipulé de la compagnie qu'elle paierait, lors de son décès, une somme déterminée entre les mains de Primus. C'est là, d'après la majorité de la doctrine et de la jurisprudence, une stipulation pour autrui valable : « D'une part, en effet, le profit de l'assurance peut dans certaines éventualités revenir au stipulant et d'ailleurs le profit moral résultant des avantages

faits aux personnes désignées suffit pour constituer
un intérêt personnel dans le contrat ; d'autre part,
le stipulant s'engage à servir à la compagnie d'assurances des primes annuelles, de telle sorte qu'à quelque point de vue que l'on se place il est impossible
de soutenir que le stipulant ne stipule pas pour lui-
même et que partant l'article 1121 n'est pas applicable (1) ». On peut même, semble-t-il, donner à l'assurance sur la vie une base plus large encore, en
s'appuyant sur l'article 1973 généralisé et autorisant
à dire que la stipulation pour autrui est valable non
seulement quand elle est la condition d'une stipulation pour soi-même ou la charge d'une donation,
mais quand elle est la condition de la disposition gra-
tuite ou onéreuse qu'on ferait de son propre bien ; si
Primus en remettant à Secundus un capital peut
convenir qu'il servira à Tertius une rente viagère,
ne peut-il convenir également qu'à sa mort Secundus paiera une somme à Tertius (2).

La doctrine française admet donc en général que,
d'après l'article 1121, la stipulation pour autrui est
valable non-seulement dans les rapports du promet-

(1) Motifs de l'arrêt de cassation du 16 janvier 1888. Voir aussi
arrêt du 23 janvier 1889 (S. 89.8.355). « Attendu que la Compagnie d'assurances sur la vie, lorsque le bénéfice de l'assurance est
stipulé au profit d'une personne déterminée comporte essentiellement l'application de l'art. 1121 du code civil et des règles qui régissent la stipulation pour autrui.... »

(2) M. Bufnoir à son cours. V. Aubry et Rau, t. III, p. 420,
note 4.

tant et du stipulant, mais encore à l'égard des tiers.
Il reste à expliquer ce droit qu'on accorde aux tiers,
à déterminer sa nature, à le concilier avec la disposition de l'article 1165. Plusieurs théories ont été
proposées dans ce but ; nous les exposerons successivement.

1° *Théorie de la gestion d'affaires.*

A plusieurs reprises le regretté M. Labbé a exposé cette théorie et par la science et l'habileté avec
laquelle il l'a présentée, il l'a fait sienne (1). L'assurance sur la vie au profit d'un tiers constituerait
une gestion d'affaires ; le souscripteur d'une assurance sur la vie contracte soit sur sa propre tête soit
sur la tête d'un tiers, et ce, à la seule condition de
justifier de son intérêt à l'existence de ce tiers. Il
suffit donc d'admettre que l'assuré qui souscrit une
police sur sa vie dans l'intention de procurer un capital à sa mort, agit non pas en son propre nom,
mais bien au nom de ce tiers : l'assuré n'est donc que
le *negotiorum gestor* du bénéficiaire, et par suite c'est
ce bénéficiaire qui sera réputé avoir traité avec la
compagnie. Le véritable assuré n'est pas le souscripteur, mais le tiers pour le compte duquel l'opération
a eu lieu. Supposons, par exemple, l'hypothèse très
simple d'un père qui, s'il venait à disparaître, veut
voir assuré le sort de son fils. De même que le père

(1) S. 77,1,393 ; 81,1,75 ; 85,1,5.

peut contracter lui-même, le fils pourrait s'assurer
lui-même sur la tête de son père et, dans ce cas,
le droit lui appartiendrait directement sans passer par le patrimoine du père. Or, ce que le fils peut
faire, le père peut aussi le faire pour lui et en son
nom : il assurera son fils sur sa propre tête. En ra-
tifiant, le fils sera censé avoir traité directement
avec la compagnie ; c'est en lui seul que, conformément à l'intention des parties, se réaliseront les effets de l'assurance. La ratification peut, d'ailleurs,
intervenir à tout moment, même après la mort du
stipulant ; elle peut émaner des héritiers du tiers.
Seulement, si ce tiers ou ses ayants droit ne ratifient
pas, le bénéfice de l'assurance passera aux héritiers
du stipulant. De cette façon, l'assurance au profit
d'un tiers peut se convertir en assurance au profit
du stipulant et de sa succession.

A première, vue cette théorie semble trop ingénieuse ; les parties n'ont pas eu certainement en vue
un détour aussi subtil pour arriver au résultat qu'elles se proposent. De plus, dans ce système, le stipulant ne peut par un changement de volonté modifier l'attribution du bénéfice de l'assurance. On ne
saurait, en effet reconnaître au gérant d'affaires qui
agit pour le compte d'autrui le droit de s'attribuer
le profit de la stipulation au préjudice de celui en
faveur de qui il contracte. Or, une pareille conséquence est inconciliable avec la volonté que mani-

feste ordinairement l'assuré de se réserver jusqu'à
la mort la libre disposition du droit au capital assuré. Il ne pourra, ni révoquer le droit qu'il a fait naître, ni en disposer au profit d'un autre, car alors
l'existence du droit du représenté serait laissée à
l'arbitraire du représentant qui pourrait à son gré
changer la personne pour laquelle il parle. Ce sera
donc seulement en cas de refus du tiers que l'assuré
pourra se réserver pour lui-même le bénéfice de l'assurance.

Il ne peut s'agir d'ailleurs de la gestion d'affaires
stricto sensu, dans laquelle le *dominus* est obligé et
acquiert des droits à son insu : il s'agit de la gestion d'affaires dont les effets sont subordonnés à la
ratification du géré et à laquelle on a donné le nom
d'Acte de représentation sans mandat, sous condition de ratification. Mais alors, suivant le principe général de la représentation, la personne du
représentant s'efface devant celle du représenté qui
est censé avoir contracté lui-même. Par conséquent,
si le représenté, c'est-à-dire le bénéficiaire, acquiert
les droits nés du contrat, il devra en revanche être
soumis aux obligations qui en découlent ; du jour de
sa ratification, il devra donc rembourser au représentant tout ce que ce dernier a payé pour son compte, et se charger lui-même du service des primes ;
si l'acceptation n'a lieu qu'après la mort de l'assuré,
c'est à sa succession qu'il devra rembourser le mon-

tant des primes payées. Vainement répond-on que le
gérant d'affaires est censé faire à la personne gra-
tifiée une donation des primes : cette supposition gra-
tuite est loin d'être toujours exacte.

2° *Théorie de l'offre.*

Des auteurs ont voulu expliquer autrement le droit
du bénéficiaire ; d'après eux, l'assurance sur la vie
doit se décomposer en deux contrats distincts : d'a-
bord une stipulation faite par l'assuré pour son propre compte et lui donnant un droit de créance contre
la compagnie ; puis une offre de cette créance faite à
un tiers sous certaines conditions. Mais, dès le début
les partisans de ce système se séparent ; d'après les
uns, l'offre émanerait du stipulant, c'est-à-dire du
souscripteur de l'assurance ; d'après les autres, au
contraire, l'offre émanerait du promettant, c'est-à-
dire de l'assureur.

a) C'est du stipulant que l'offre émanerait : cette
offre faite au tiers par l'assuré serait soumise à
toutes les règles ordinaires de la pollicitation. Ce
n'est que par l'acceptation de cette offre que le tiers
acquiert un droit quelconque ; jusque là il était
étranger à l'opération et par conséquent la stipulation demeurait révocable. Mais alors, peut-on se
demander, l'offre ne tombera-t elle pas par la mort,
soit du tiers, soit du stipulant ? Quelques-uns admet-

tent que l'acceptation est encore possible, soit par
les héritiers du tiers, soit par lui-même. Mais les
principes généraux ne permettent pas cette solution:
une offre ne peut être valablement acceptée ni après
la mort de celui qui l'a faite, ni après la mort de celui
à qui elle a été faite. Or, dans beaucoup de cas, le
tiers ne sera mis à même d'accepter le bénéfice de
l'assurance qu'après la mort de l'assuré ; dans ce dernier cas l'acceptation restera donc sans effet ; com-
prendrait-on qu'un lien de droit puisse se former
entre un vivant et un mort ?

Enfin, cette doctrine est impuissante à justifier le
droit du tiers contre le promettant ; elle ne peut arriver à expliquer que le bénéficiaire d'une assurance ait un droit contre la compagnie. Le preneur
d'assurance stipule de la compagnie en faveur de
Primus. Cette stipulation contient, dit-on, une offre
de l'assuré à Primus. Or, on conçoit bien que, par
l'acceptation de ce dernier, il se forme un lien de
droit entre lui et l'assuré, mais on ne voit pas comment la compagnie, restée en dehors de cette offre,
peut se trouver obligée directement envers Primus.
Primus, disent les partisans du système, ne saurait
acquérir de droit par suite d'un contrat passé entre
la compagnie et le preneur d'assurance, parce qu'il y
est resté étranger. Il faut répondre (1) qu'il n'est

(1) Champeaux, *De la stipulation pour autrui*. Thèse.

pas resté moins étranger au contrat imaginé entre
la compagnie et l'assuré au moyen d'une offre suivie
d'acceptation. On ne voit donc pas en résumé d'où
prend naissance le droit accordé à Primus contre la
compagnie.

b) Pour échapper à cette objection on a modifié
le système. L'offre émanerait non pas du stipulant,
mais du promettant, c'est-à-dire de l'assureur (1).
Ce serait le promettant qui s'engagerait envers le
stipulant à offrir au tiers, sous les conditions déterminées, la prestation convenue ; ainsi la compagnie
s'obligerait envers l'assuré à faire offre au bénéficiaire de l'assurance du montant du capital assuré.
Le droit de l'assuré ou de ses ayants droit se limite-
rait à exiger que cette offre fût faite, mais jusque là
le bénéficiaire n'a aucune action et il est pourtant
impossible de ne pas lui en reconnaître une. Ce sera
son acceptation qui en sera l'origine ; par cette acceptation une seconde convention se forme, cette fois
entre lui et la compagnie, et ainsi se trouve justifié
le droit d'action qu'il faut lui reconnaître.

Ce système se heurte à une grosse objection au
point de vue pratique. Le stipulant seul a le droit
d'exiger que l'offre soit faite ; une fois l'assuré mort,
qui donc alors obligera l'assureur à faire cette offre ?
Le bénéficiaire n'a aucune action ; sans doute les hé-

(1) Cette opinion a été développée par M. Thaller dans une note
insérée au *Rec. pér.* de Dalloz, 1888,2,1.

ritiers de l'assuré pourraient exercer contre le promettant l'action de leur auteur, mais n'est-il pas à
craindre qu'ils mettent peu d'empressement à exercer une action allant à l'encontre de leurs intérêts?

Nous écartons donc la théorie de l'offre qui rend
d'ailleurs l'article 1121 inutile, car il n'est pas besoin
d'un texte particulier pour permettre à une personne
de s'engager envers une autre à faire une offre à une
troisième personne ; nous ne parlerons pas davantage
du contrat par représentation, car dans les contrats
de cette nature la personne du représentant s'efface
devant celle du représenté, ce qui est contraire à l'intention des parties dans l'assurance sur la vie. Pour
nous, le droit des tiers, c'est-à-dire le droit des bénéficiaires de l'assurance contre la compagnie, prend
directement naissance du contrat fait en leur faveur.
L'assuré, stipulant pour autrui, parle en son propre
nom, reste partie au contrat même après l'acceptation, et fournit lui-même la contre-partie de l'obligation du promettant, en un mot c'est lui qui dirige
l'obligation. Le but des parties est donc juridiquement réalisé, c'est bien l'assuré qui paie les primes
et qui dispose du droit au bénéfice au profit de qui
bon lui semble. En effet, la stipulation pour autrui
confère par elle-même un droit au tiers au profit duquel elle a lieu ; cela, par l'interprétation naturelle
de la volonté des contractants qui ont entendu faire

naître un droit direct, propre et exclusif en faveur
de la personne que le stipulant a eu en vue et sous
la seule condition que l'engagement du promettant
ait sa cause dans les rapports de ce dernier avec le
stipulant. Ces deux éléments essentiels existent bien
dans le contrat d'assurance sur la vie ; les parties
entendent bien d'une part procurer au bénéficiaire
un droit propre et indépendant, et d'autre part la
cause de l'obligation de la compagnie réside dans le
paiement des primes par l'assuré stipulant. C'est le
système suivi en général par la jurisprudence et auquel tendent à se rallier les auteurs (1).

B. — L'assurance est souscrite au profit de personnes indéterminées (2). L'assurance est considérée
comme souscrite au profit de tiers indéterminés lorsque la police, au lieu d'indiquer d'une façon suffisamment précise la personne qui recueillera le capital
assuré, désigne les bénéficiaires par une expression
vague, générale, excluant toute idée d'individualité.

Ainsi la clause bénéficiaire de l'assurance a été,
par exemple, rédigée dans les termes suivants : « A
ma succession, à mes héritiers, à mes ayants droit,
ou aux personnes que je désignerai par testament »,

---

(1) Voir sur cette intéressante question : Herbault, p. 106 ; de
Montluc, p. 192. — Voir aussi de Courcy, Deslandres, Champeaux, op. cit.; Lambert (*Du contrat en faveur des tiers*, p. 70) ;
Lefort, t. I, p. 227 ; à l'étranger, Vivante, t. I, p. 191. Voir aussi
S. 81,1,145 ; 88,1,127 ; 89,1,353 ; 92,1,177.
(2) Lefort, t. II, p. 245. — L'étude substantielle de cet auteur
sur cette question nous semble particulièrement remarquable.

ou enfin, formule que l'on rencontre le plus souvent,
« à mes enfants nés ou à naître ».

Il peut donc y avoir indétermination soit quant à
la désignation soit même quant à l'existence; autrement dit, il peut s'agir soit de personnes simplement
indéterminées, soit même de personnes futures. Suivant la définition de M. Demolombe « les personnes
indéterminées sont celles dont l'acte même de disposition ne détermine pas actuellement l'individualité
et n'indique pas non plus aucun moyen, aucun événement par l'accomplissement desquels elles pourraient plus tard être désignées ».

Comment le contrat d'assurance donnera-t-il naissance à un droit au profit de ces bénéficiaires indéterminés ; quelle sera la nature de ce droit qu'ils
auront à faire valoir contre la compagnie ?

D'après une jurisprudence qui paraît aujourd'hui
solidement établie, les bénéficiaires d'une assurance
qui ne sont pas nommément désignés dans la police
n'ont, en dehors de leur vocation héréditaire, aucun
droit propre ; le contrat est considéré comme souscrit au profit de personnes indéterminées dans les
termes de l'article 1122. Par conséquent, la stipulation ne confère aucun droit propre et exclusif aux
personnes appelées à en profiter ; le droit de créance
né de cette stipulation n'a pas cessé de faire partie
de la succession du *de cujus*; il ne peut donc être
recueilli que par ses héritiers et seulement en leur

qualité d'héritiers, et fait partie, au même titre que les autres biens, de la succession, du gage des créanciers. Le seul tempérament apporté à cette doctrine par la Cour de cassation a été d'admettre que le juge du fait peut, par une appréciation souveraine des termes du contrat, constater, malgré leur généralité, que l'assuré avait en réalité entendu attribuer à des personnes déterminées tout le bénéfice des polices passées avec la compagnie et appeler ces personnes à recueillir le capital assuré *jure proprio* et non *jure hereditario*.

Cette jurisprudence, approuvée par beaucoup d'auteurs, soulève les protestations des assureurs car elle aboutit, dans bien des cas. à méconnaitre de la façon la plus absolue l'intention des parties, surtout quand on se trouve en présence de la clause « à mes enfants nés ou à naitre ». Il est inadmissible que, malgré toute la volonté du père de famille qui s'est imposé le sacrifice de payer des primes dans le but d'assurer l'avenir de ses enfants et qui, le plus souvent, aura adopté la clause en question sans en peser la portée juridique, mais uniquement dans une pensée d'égalité, le fruit de ses épargnes grevées dans sa pensée d'une affectation bien déterminée soit englobé dans la masse héréditaire. Il y a, comme on l'a écrit, antagonisme complet entre les prescriptions qui s'imposent et la volonté du père de famille qui mérite, elle aussi, qu'on la respecte. Une telle jurisprudence est peu favorable au développement de l'assurance sur la vie.

Nous croyons qu'ici encore la théorie de la stipulation pour autrui pourrait intervenir et donnerait toute satisfaction aux exigences du droit comme aux besoins de la pratique.

Rien n'interdit, en effet, de reconnaître toute valeur et tout effet à une stipulation intervenue, soit au profit d'une personne indéterminée, soit au profit d'une personne future. Sans doute on objecte que la stipulation pour autrui par sa nature même, et en vertu de l'accord des parties contractantes, crée un droit au profit du tiers ; il semble donc impossible que ce tiers ne soit pas une personne actuellement certaine et déterminée et comme telle susceptible d'avoir des droits (1).

Mais a-t-on répondu, les contractants peuvent bien subordonner le droit du tiers à un terme ou à une condition quelconque ; ne peuvent-ils également en retarder la naissance ? La compagnie promettante est tenue dès l'époque de la convention envers l'assuré stipulant et cet engagement suffira à soutenir l'opération jusqu'au jour où la détermination du tiers fixera sur la tête de ce dernier le droit jusqu'alors éventuel en ce qui le concerne (2).

Soit, réplique-t-on, mais si le tiers est non seule-

(1) Deslandres, thèse, nos 150 et suivants.
(2) Champeaux, thèse.

ment indéterminé mais encore inexistant lors de la convention, comment expliquer la naissance du droit à son profit ? Si un droit direct nait de la stipulation pour autrui en faveur du tiers, encore faut-il qu'à l'époque de la souscription de la police il soit susceptible d'avoir des droits et la première condition pour avoir des droits c'est d'exister : les articles 725 et 906 du Code civil le supposent nécessairement.

L'objection est grave, mais non pas irréfutable. D'abord les articles cités doivent être mis hors de cause. L'article 725 en décidant que celui qui n'est pas encore conçu est incapable de succéder, a édicté une règle qui doit être restreinte à la matière des successions (1) où elle s'explique par cette idée que la propriété ne peut rester pour ainsi dire en l'air, même pendant un instant de raison ; il faut donc que ceux entre qui s'effectue la transmission aient de toute nécessité coexisté. Mais ce motif ne se rencontre plus dans la stipulation pour autrui : entre le promettant et le non conçu, il existe une personne sur la tête de laquelle le droit a pu se fixer, depuis le jour du contrat jusqu'à l'instant où le bénéficiaire peut être appelé à le recueillir ; cette personne n'est autre que celle avec qui le promettant a traité en faveur d'une autre personne, c'est le stipulant lui-même. Le promettant, c'est-à-dire l'assureur, ne

(1) Voir Lefort, t. II, p. 253.

s'engage pas seulement envers le tiers ; il s'engage avant tout envers le stipulant. Dès le moment de la formation du contrat, il existe donc bien une obligation à la charge du promettant ; seulement il n'y a tout d'abord qu'un seul créancier, le stipulant. Sa présence suffit, néanmoins, à soutenir l'obligation du promettant jusqu'au jour où apparaitra le second créancier, le bénéficiaire.

Le même motif nous fait écarter du débat le paragraphe 1er de l'article 906 relatif aux legs et quant à la disposition du paragraphe 2 concernant les donations, rien dans la législation antérieure, ni dans les travaux préparatoires n'autorise à l'étendre hors de la matière des donations directes. De plus, la donation constitue une convention, il faut qu'il y ait accord de volontés entre les parties, elles doivent donc de toute nécessité coexister. Dans la stipulation pour autrui, le droit du tiers ne nait pas d'une convention à laquelle il doit prendre part, il nait au contraire d'un contrat formé en dehors de lui ; son acceptation n'est nécessaire que pour justifier qu'il ne refuse pas, comme ce serait son droit, de se prévaloir de l'avantage qui lui est conféré. C'est donc le cas d'appliquer l'adage *cessante ratione legis, cessat lex.*

Enfin, on a fait une réponse décisive à l'objection de l'impossibilité pour un individu de devenir titulaire d'un droit avant d'exister (1). Assurément la

_____

(1) Lambert, *Du contrat en faveur des tiers,* p. 211.

stipulation ne peut pas conférer au tiers avant sa conception un droit définitivement acquis ; mais ce tiers trouve, le jour où il vient au monde, un droit éventuel qui n'attendait que sa naissance pour prendre corps et qui pouvait tenir debout sans son intervention puisqu'il sortait d'un contrat valablement formé entre deux autres personnes. Si l'on peut stipuler une chose future, on doit pouvoir stipuler au profit d'une personne future comme le notait le jurisconsulte ancien Ranchin. « La stipulation ne produira pas immédiatement ses effets, c'est vrai, mais du jour où la naissance du tiers gratifié aura donné au sujet du droit la détermination qui lui manquait, le promettant se trouvera, en vertu de la stipulation primitive, obligé envers le bénéficiaire (1) ».

Quoi qu'il en soit, la jurisprudence paraît, pour le moment du moins, fortement établie. Les bénéficiaires du contrat d'assurance sur la vie, nommément désignés viennent donc recueillir le bénéfice en vertu d'un droit propre, exclusif, né directement à leur profit du contrat lui-même (2) ; au contraire, les

_____

(1) Lefort, t. II, p. 251.

(2) Le bénéficiaire qui entend profiter de l'assurance doit accepter la stipulation intervenue en sa faveur. Cette acceptation qui peut être expresse ou tacite, peut se produire à tout instant même après la mort du stipulant. V. Sur ce point la dissertation de M. Lefort insérée dans ses « *Études sur les assurances sur la vie* ».

La question de l'acceptation *post mortem stipulatoris* est toutefois controversée. En notre sens, Aubry et Rau, t. IV, § 343. Demolombe, *Donations et testaments*, t. III, p. 85. *Contrà*, Laurent, t. XV, n° 571. Colmet de Santerre, t. V, art. 1121, n° 33 *bis*.

personnes indéterminées, désignées comme bénéficiaires, n'ont aucun droit propre et indépendant de
leur vocation héréditaire, ce n'est que comme héritiers qu'elles seront appelées à se partager le montant du capital assuré.

La nature même de ces différents droits nous permettra de rechercher par quelles justifications les
bénéficiaires de l'assurance vont mettre la compagnie en mesure de reconnaitre que le capital assuré
est bien payable et à qui il est payable, en un mot,
de se libérer valablement. D'après l'article 14 « les
sommes dues par la compagnie sont payées au siège
social dans les trente jours de la remise de la police
et des pièces justificatives, dûment légalisées, lesquelles comprennent notamment l'acte de naissance,
l'acte de décès de la personne dont la vie était assurée, et le certificat du médecin constatant le genre
de maladie ou d'accident auquel elle a succombé ».

Le double de la police est la preuve même du contrat ; si on ne lui présente pas ce titre, la compagnie
ne peut payer, mais comme elle ne peut, d'autre part,
conserver dans sa caisse le montant du capital assuré, elle le déposera à la Caisse des Dépôts et Consignations et le retrait ne pourra en être effectué que
sur remise du titre, s'il est retrouvé ; sinon seulement après l'expiration de la prescription de trente
ans, commençant à courir du jour de l'exigibilité du
capital, c'est-à-dire du jour du décès.

La production de l'acte de naissance a un double but : constater l'identité de la personne assurée et permettre de vérifier que la prime a été calculée exactement, en rapprochant l'âge déclaré par l'assuré lors de sa proposition de l'âge résultant de son acte de naissance. Il peut arriver, et en pratique il arrive même fréquemment, que l'on constate ainsi une différence entre l'âge réel et l'âge déclaré. Rigoureusement, on devrait décider qu'il y a eu erreur sur l'opinion du risque et que par suite la nullité pourra être prononcée au profit de l'assureur. Mais les compagnies en fait n'usent pas de ce droit, et notre police l'écarte même d'une manière formelle en disant dans son article 11, § 2 : « Toute différence constatée entre la date de naissance déclarée lors de la souscription du contrat et celle portée en l'acte de naissance donnera lieu, soit à une réduction proportionnelle du capital assuré soit au remboursement sans intérêts des sommes perçues en trop sur les primes ».

Quant à l'acte de décès, c'est la pièce même qui établit l'exigibilité du capital assuré. Aussi a-t-il été jugé avec raison que, si la compagnie se libère sur le vu d'un acte de décès faux, elle peut demander la restitution du capital payé indûment (1).

Reste enfin l'exigence de la production d'un certificat médical émanant du médecin qui a donné à l'assuré les derniers soins. Plusieurs motifs l'expli-

(1) *J. des Ass.*, 89, p. 77.

quent. Tout d'abord, c'est par ce certificat que le bénéficiaire justifie de la cause qui donne naissance à
son droit. De plus, la compagnie y trouve des documents intéressants pour ses statistiques, et surtout
elle a ainsi un moyen de vérifier si, lors de sa proposition, l'assuré ne s'est pas rendu coupable de réticences ou de fausses déclarations et si, au cours du
contrat, il n'a pas aggravé par sa faute personnelle
le risque primitivement accepté. Mais de grandes
difficultés pratiques s'élèvent sur ce sujet car, d'après
l'idée qui semble prévaloir actuellement, le secret
professionnel s'opposerait à ce que le médecin fasse
délivrance d'un pareil certificat.

Le corps médical et la jurisprudence sont d'accord
pour soutenir qu'un médecin est en droit de refuser
le certificat qu'on lui demande, que le secret professionnel est absolu et que la disposition de l'article 378
du Code pénal punit toute infraction qui y est faite,
d'une manière générale et sans qu'il y ait besoin d'é-
tablir à la charge du médecin ni malveillance, ni
intention de nuire.

Nous estimons cette doctrine trop absolue : d'une
part, la jurisprudence n'interdit pas au médecin,
comme on l'a prétendu, de délivrer un certificat,
mais elle lui permet simplement de s'y refuser si en
sa conscience il le juge à propos ; d'autre part, il nous
semble qu'il n'y a pas à faire intervenir une question
de secret alors tout au moins que, dans l'entourage

du malade, tout le monde a connu sa maladie. On ne comprendrait les scrupules du médecin qu'en présence d'affections héréditaires ou de maladies telles que la syphilis ou l'aliénation mentale. Il faudrait donc, croyons-nous, écarter le système du secret absolu et admettre que le médecin seul est juge, en son âme et conscience, du point de savoir s'il a reçu une confidence, un secret de son client, attendu que l'obligation du secret professionnel ne doit s'entendre que de faits constituant des secrets et des secrets confiés (1). Il est bien entendu d'ailleurs que la compagnie ne pourrait se retrancher derrière la non production du certificat médical pour se refuser au paiement du capital assuré.

Les bénéficiaires nommément désignés, tenant directement leur droit du contrat, n'ont pas à fournir d'autres justifications. La compagnie leur verse le montant du capital assuré sur la production de ces trois pièces dûment légalisées : acte de naissance, acte de décès, certificat médical.

Mais s'il s'agit de bénéficiaires indéterminés, ces pièces ne sont plus suffisantes; il faut, en effet, arriver à la détermination de ces tiers, à la justification de leur droit héréditaire en vertu duquel ils sont appelés à recueillir le capital assuré. Il suffira pour

(1) Cass., 18 novembre 1885. S. 86, 1, 89. D. 86, 1, 213.
Voir sur cette question, Brouardel, *Le secret médical.* — *Contrà*, *Monit. des Ass.*, 1891, p. 120. — Besançon, 17 février 1887. S. 87, 2, 91.

13

cela de produire soit un acte de notoriété, soit un
intitulé de l'inventaire dressé après le décès de l'assuré. Si parmi les bénéficiaires se trouvent des mi-
neurs, la compagnie sera en droit d'exiger une expédition de l'acceptation bénéficiaire faite en leur
nom ; s'il se trouve des femmes mariées, la compagnie ne pourra se libérer prudemment sans connaître les conventions matrimoniales qui les régissent ;
elle se fera donc communiquer leurs contrats de mariage ou produire, à défaut, l'acte civil de mariage.

Le paiement d'après les principes généraux doit
être fait au domicile du débiteur (article 1247 du
Code civil) c'est-à-dire au siège social de la compagnie. L'article 14 de notre police reproduit cette
règle. Toutefois, dans les villes où les compagnies
ont des représentants, elles consentent à faire régler
les sinistres par leur intermédiaire et sur une autorisation spéciale émanant de la direction centrale ;
mais c'est une faveur accordée aux ayants droit de
l'assuré : il n'y a nullement là une obligation pour la
compagnie, en présence surtout de la disposition de
la police que nous avons relatée.

L'assureur doit payer la somme fixée par la police
ou par l'avenant de réduction qui a pu intervenir.
Sur le capital assuré il retiendra le montant des
avances qui ont pu être consenties à l'assuré sur la
valeur de rachat de sa police ; il déduira également,
lorsque la prime annuelle est payable par fractions

semestrielles ou trimestrielles, les fractions restant
à payer sur l'année en cours au moment du décès.
Toutefois, pour éviter les récriminations auxquelles
donnait parfois lieu cette légitime retenue, les Compagnies du Comité ont imaginé de majorer la prime
annuelle d'un certain taux, moyennant lequel il ne
sera plus fait aucune déduction à raison des trimestres ou des semestres non échus de l'année en cours
lors du règlement. L'augmentation de la prime annuelle représente d'une part l'intérêt de retard,
d'autre part le risque couru par la compagnie de ne
pas recevoir le semestre ou les trimestres de la prime
de l'année d'assurance en cours au moment du décès
de l'assuré.

Le paiement, sauf le cas de force majeure, doit
être effectué par la compagnie comptant, en espèces,
billets de banque ou mandat à vue sur la succursale
de la banque désignée d'un commun accord par les
parties. Il est fait sur la signature des bénéficiaires,
ayant justifié de leurs droits, ou de leurs représentants légaux, après justification de leurs qualités.
Les signataires de la quittance donnent quittance et
décharge sans réserves à la compagnie qui se trouve
libérée.

Que faudrait-il décider quant au paiement en cas
d'absence légalement constatée de la personne sur la
tête de laquelle repose l'assurance?

D'après un premier système, le capital assuré est payable dès que la déclaration d'absence a été prononcée; les ayants droit peuvent alors réclamer le bénéfice de l'assurance, sous la condition de donner caution; à l'appui de ce système on fait valoir l'article 123 du Code civil. Mais il nous parait préférable d'adopter l'opinion opposée, d'après laquelle ce n'est que par l'envoi en possession définitive que s'ouvre le droit des bénéficiaires.

En effet, lorsque la déclaration d'absence a été prononcée et l'envoi en possession provisoire autorisé, dans la pensée de la loi l'absent peut encore revenir, ses chances de vie sont encore égales à ses chances de mort. Mais, s'il y a eu envoi en possession définitive, les chances de vie deviennent presque nulles. Trente ans se sont écoulés depuis l'envoi en possession provisoire; ou bien il y a cent ans révolus depuis la naissance de l'assuré. On peut vraiment le considérer comme mort; le droit des bénéficiaires s'ouvrant au décès de l'assuré, la compagnie ne peut être obligée de payer le capital stipulé qu'au moment où la loi tient pour certain que l'assuré est mort.

Il a été soutenu qu'en l'absence de tout ayant droit, le bénéfice de la police revenait à la compagnie elle-même; ni en droit, ni d'après la commune intention des parties le bénéfice de l'assurance ne pourrait être attribué à l'État.

L'Etat en effet, dit-on, n'est pas un héritier; il recueille les successions tombées en déshérence parce qu'il y a un intérêt public à ce que des biens ne restent pas vacants; mais ici ce motif ne se retrouve pas et le droit spécial accordé à l'Etat par l'article 768 du Code civil doit être sans application. De plus, ajoute-t-on, il s'agit de l'interprétation du contrat, il faut donc rechercher quelle a pu être l'intention des parties. Or, l'assuré, stipulant en prévision de son décès, n'a pu songer qu'aux personnes auxquelles il pouvait s'intéresser pendant sa vie et malgré la fiction *fiscus pater omnium*, on ne peut prétendre qu'il se soit imposé des sacrifices dans le but d'assurer à l'Etat le bénéfice de sa police. L'assureur, de son côté, n'a pas entendu davantage qu'à défaut d'héritiers, donataires ou légataires ce serait l'Etat qui réclamerait le capital assuré. C'est à l'Etat, s'il veut se prévaloir du contrat auquel il n'a pas été partie, à prouver que l'assuré a entendu stipuler à son profit. Faute par lui de rapporter cette preuve, et on ne voit pas comment il pourra l'administrer, il ne pourra prétendre bénéficier du contrat passé entre le *de cujus* et la compagnie.

Cette opinion, quoique ingénieuse, est inadmissible. Il ne s'agit pas de savoir si le droit de l'État sur les successions vacantes est un droit héréditaire ou un droit d'une nature particulière. D'après l'article 768, la succession est acquise à l'État. C'est dire que l'État recueille toutes les valeurs immobilières ou mobilières qui la composent et parmi ces dernières figure, on ne peut le nier, la police souscrite par le défunt, et dont nul héritier, donataire ou légataire n'est venu réclamer le bénéfice.

TABLE DES MATIÈRES

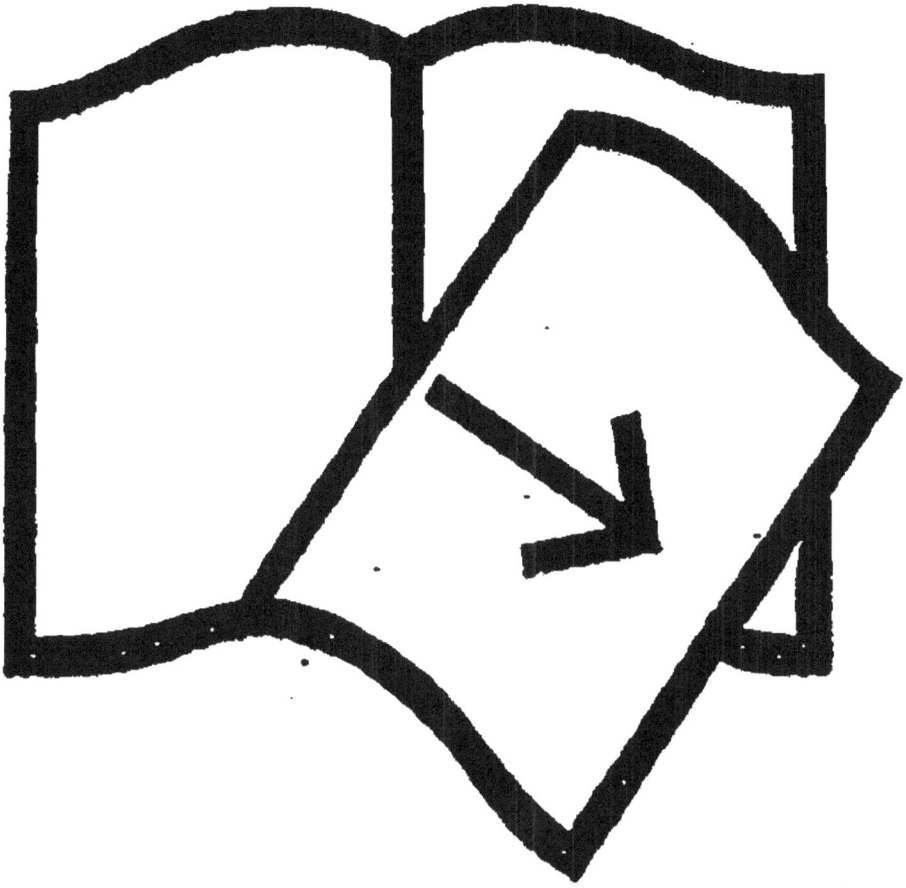

Documents manquants (pages, cahiers...)
NF Z 43-120-13

DE LA PAGE 193
À LA PAGE 206

que l'État recueille toutes les valeurs immobilières ou mobilières qui la composent et parmi ces dernières figure, on ne peut le nier, la police souscrite par le défunt, et dont nul héritier, donataire ou légataire n'est venu réclamer le bénéfice.

TABLE DES MATIÈRES

DEUXIÈME PARTIE.

OBLIGATIONS DE L'ASSUREUR.

CHAPITRE PREMIER. — Obligations de l'assureur du vivant de l'assuré.

CHAPITRE II. — Obligation de l'assureur au décès
de l'assuré.

POSITIONS

Positions prises dans la thèse.

DROIT ROMAIN.

1° La règle *emptione perfecta periculum ad emptorem perti-net* ne peut se justifier que par des raisons de droit.

2° La loi 33, Dig., 19.2 ne représente que l'opinion particulière d'Africain : on ne peut en tirer une doctrine générale.

3° Dans la vente sous condition résolutoire les risques de perte partielle comme de perte totale sont *pendente conditione* à la charge du vendeur.

4° Dans une obligation alternative, lorsque le choix appartient au débiteur, si l'une des deux choses a péri par cas fortuit, le débiteur a le droit de s'acquitter en donnant soit la chose qui reste, soit l'estimation de celle qui a péri.

DROIT FRANÇAIS.

1° Le certificat du médecin ne peut être opposé à l'assureur comme fin de non-recevoir dans une demande en nullité pour réticence ou fausse déclaration.

2° Le contrat est annulable pour réticence ou fausse déclaration alors même que le mal qui a déterminé la mort de l'assuré est sans rapport avec les faits dissimulés.

3° En cas de suicide de l'assuré la preuve du fait du suicide incombe à l'assureur, mais la preuve de l'inconscience est à la charge des bénéficiaires.

4° Le droit de demander le rachat d'une police d'assurance sur la vie est un droit attaché à la personne de l'assuré.

5° On doit appliquer à une police d'assurance sur la vie contenant la clause à ordre tous les effets que produit ordinairement cette clause d'après le droit commercial.

6° L'assurance au profit de tiers indéterminés, mais déterminables au décès de l'assuré donne à ces tiers un droit direct et exclusif.

Positions prises en dehors de la thèse.

DROIT ROMAIN.

1° Le mariage n'était pas en droit romain un contrat purement consensuel ; la femme devait être mise à la disposition du mari.

2° Les servitudes urbaines et rurales se reconnaissent à la qualité du fonds dominant.

3° La théorie des actions noxales dérive du système de la vengeance privée.

4° L'obligation du fidéjusseur est complètement nulle si, comparée à celle du débiteur principal, elle est contractée *in duriorem causam.*

DROIT CIVIL

1° Le mariage peut être célébré au domicile réel de l'un des époux, sans qu'il soit nécessaire que ce domicile soit établi par six mois de résidence.

2° Les servitudes ne peuvent être établies par la prescription de dix à vingt ans.

3° L'indignité est attachée de plein droit aux faits prévus par l'article 727.

4° Le droit de rétention n'existe que dans les cas expressément indiqués par la loi.

DROIT COMMERCIAL.

1° En cas de faillite du tireur, le syndic ne peut réclamer la provision faite entre les mains du tiré.

2° Le vendeur d'un immeuble qui a perdu son privilège faute de transcription ou d'inscription avant la faillite de l'acheteur, conserve son droit de résolution.

DROIT INTERNATIONAL PUBLIC.

Lorsqu'un crime a été commis à bord d'un navire de commerce étranger dans un port français, la juridiction étrangère est seule compétente si le fait s'est passé entre gens de l'équipage et sans occasionner de troubles extérieurs.

DROIT CONSTITUTIONNEL.

En matière budgétaire, le Sénat, sauf le droit de priorité, a les mêmes attributions que la Chambre des députés.

Vu :

Le Président de la thèse,
Léon MICHEL.

Vu :

Le Doyen,
COLMET DE SANTERRE.

Vu et permis d'imprimer :
Le Vice-Recteur de l'Académie de Paris,
GRÉARD.

Imp. C. Saint-Aubin et Thevenot. — J. Thevenot, successeur, Saint-Dizier, (Haute-Marne).

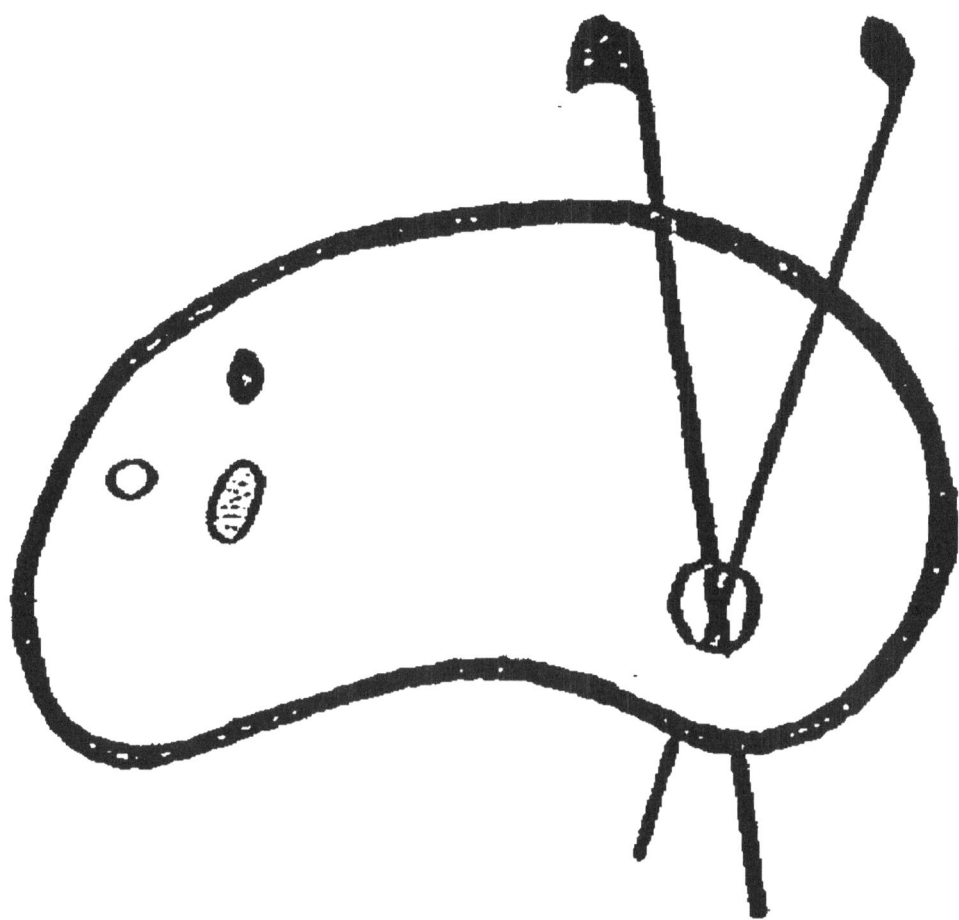

ORIGINAL EN COULEUR

N° Z 03-170 B

www.ingramcontent.com/pod-product-compliance
Lightning Source LLC
Chambersburg PA
CBHW060358200326
41518CB00009B/1183